精読・仏教の言葉

親鸞

Shinran

〔新装版〕

梯 實圓
Kakehashi Jitsuen

大法輪閣

目次

一、『歎異抄』の言葉

二、『三帖和讃』の言葉

三、和語聖教の言葉

四、『教行証文類』の言葉

装丁……清水良洋

I 親鸞の生涯

▼誕生と出家

平安時代も終わりに近い承安《じょうあん》三年（一一七三）の春、親鸞は京都の郊外日野の里に誕生された。幼名はわからない。世は平家の全盛時代であった。

父は藤原一門の流れを汲む日野有範《ひのありのり》であった。皇太后宮権大進《こうたいごうぐうごんのだいしん》という官職についていたという。その生没年はわからないが、後年まで生存していたらしい。実悟の『日野一流系図』（一五四一成立）によると、親鸞には尋有《じんう》（権少僧都《ごんのしょうそうず》）、兼有（権律師《ごんのりっし》）、有意（法眼）、行兼（権律師）の四名の弟があったとされているが、尋有と兼有は南北朝時代の文献でその存在を確かめることができる。有範の兄、すなわち親鸞の伯父に、のちに従三位若狭守《じゅさんみわかさのかみ》となる日野範綱《のりつな》と、文章博士となり、従三位式部大輔になる日野宗業《むねなり》とがいる。親鸞は、弟の尋有、兼有、行兼らとともに伯父の範綱の養子（猶子《ゆうし》）になっている。

養和元年（治承五年・一一八一）、九歳の春、伯父であり養父（猶父）でもあった範綱にともなわれて、慈円《じえん》の弟子となって出家得度《とくど》し、範宴《はんねん》少納言と名乗るようになったという。範宴は法名《ほうみょう》であり、少納言は出家した貴族の子息に付けられる公名《きみな》（君名）であって本人の官職には関係はない。仏門に入られた理由について親鸞は、何も語らない。しかし得度されたころには、父の有範は宮廷をしりぞき、三室戸《みむろと》に隠遁《いんとん》していたらしい。隠遁の理由は正確にはわからないが、治承四年、源頼政が、後白河法皇の王子の以仁王《もちひとおう》を奉じて平家追討の兵を挙げて敗死した事件と関わりがあるのではないかといわれている。ともかく宮廷を辞職し、三室戸で隠遁生活に入り、「三室戸の大進入道」と呼ばれていたことは確かである。おそらく聖人の出家も、父の宮廷失脚と何らかの関わりがあるのではないかと推測されている。親鸞を含めて五人の子息が全部出家しているのはただ事ではない。

親鸞の得度の師、慈円（一一五五―一二二五）は関白藤原忠通《ただみち》の子で、九条家の祖となる関白藤原兼《かね》実《ざね》の弟であった。治承二年、二十四歳で法性寺の座主《ざす》となり、のちに青蓮院門跡《しょうれんいんもんぜき》となり、前後四回も叡山天台宗の座主となる人物である。しかしこのとき慈円はまだ二十七歳の青年で、師の覚快法親王から譲られた白川房に住み、道快と称していた。したがって親鸞の得度の場所も白川房であったであろうが、当時の白川房は、現在の青蓮院のあたりにあったといわれている。その年の十一月に師の覚快の入《にゅう》寂《じゃく》にあい、名を道快から慈円に改めている。この年、閏二月に平清盛が亡くなっている。さしも栄華を極めた平家にも滅亡の兆しが見えはじめていた。

出家した範宴は、やがて比叡山に登る。二十年にわたる天台宗の学僧としての厳しい学問と修行の生活がこのときから始まったのである。『親鸞伝絵』には、「とこしなへに楞厳《りょうごん》横川《よかわ》の余流をたたへて、ふかく四教円融の義にあきらかなり」といわれているから、叡山《えいざん》三塔の中でも、特に源信の影響が強く残っていた横川を中心に修行を積まれたのであろう。その修学の内容については何も語られていないが、「四教円融の義」とは天台学を指しているから、本来の天台宗の教学や、台密《たいみつ》と呼ばれた天台密教を学び、さらに叡山に伝わるさまざまな修行に励まれたであろうことは、のちに書かれる著作からも窺《うかが》うことができる。しかし叡山を離れる直前には、常行三昧堂《じょうぎょうざんまいどう》の堂僧を勤められていたらしいことが、妻の恵信尼《えしんに》の手紙である『恵信尼消息』に記されている。叡山浄土教の母胎といわれた常行三昧堂の堂僧であったということは、親鸞がこの時点で、すでに源信以来の天台浄土教についての専門的な学識をもち、常行三昧という厳しい念仏行の実践を積まれていたことを物語っている。

▼六角堂参籠《さんろう》

二十年間住みなれた比叡山を離れて、法然の弟子となり、阿弥陀仏の本願を信じて念仏する身になられたのは、建仁元年（一二〇一）二十九歳のときであった。そのときの状況は、妻の恵信尼の書状によって知ることができる。それによれば、親鸞は、比叡山での学問と修行では、生死《しょうじ》を超えてさとりの境地に至る自信がもてなくなり、思いあまって、今後の自分の歩むべき道の指示を得ようとして京都の六角堂に百日間の参籠《さんろう》をされたという。生死を超えるとは、自らの生と死を一望のもとに見通し、生きていることも尊い意味をもっているが、死ぬこともまた尊い意味をもっていると言いきれるような、生死を超えた領域に心の視野を開くことであった。

親鸞が六角堂にこもったのは、聖徳太子（五七四―六二二）の霊告を受けるためであった。六角堂は、聖徳太子の創建と信じられており、太子の本地とされている救世観世音菩薩が本尊として安置されていた。しかもそのころ観音が霊験を現わす寺院として聖《ひじり》や民衆の尊崇を集めていたからであろう。親鸞が、聖徳太子は救世観音の化身であると信じられていたことは、晩年に著された聖徳太子和讃などによっても知ることができる。

六角堂にこもって必死の祈願をこらしていた親鸞にやがて転機が訪れる。九十五日目の暁に聖徳太子の夢の告げを得たのである。それは、おそらく親鸞の高弟であった高田の真仏《しんぶつ》の記録である『親鸞夢記』に、六角堂の本尊・救世観世音菩薩の夢の告げとして記されている、次のような偈文《げもん》（詩）であったと考えられる。なお真仏は親鸞が八十六歳のときに、五十歳で亡くなっている。

行者宿報設女犯（行者が宿報によって女犯《にょぼん》の罪を犯すことがあれば）

我成玉女身被犯（我、玉女身となって犯されん）

一生之間能荘厳（一生のあいだよく荘厳《しょうごん》して）

臨終引導生極楽（臨終には引導して極楽に生ぜしめん）（「経釈文聞書」『高田古典』一・一二六頁）

「そなたが、一生不犯《ふぼん》の誓いを破って結婚するようなことがあったならば、私（観音）が、玉女の身となって現われ、そなたの妻になってあげよう。そしてそなたの人生を仏道として荘厳し、臨終には極楽へ引導しよう」といわれたのである。

そこには、破戒の罪を犯して妻をもち在家生活を送る破戒僧であっても、浄土に生まれることができるような仏道のあることが暗示されていた。それは阿弥陀仏の本願を信じて念仏する者は、在家であれ出家であれ、持戒・破戒を選ばず、分けへだてなく救われると説かれていた法然の教えの真実性を示す夢告と受けとることができたのである。

親鸞が六角堂に参籠されたのは、比叡山での修行に行きづまりを感じたと同時に、うわさに聞く法然の教えに強く引かれるものがあったからであったに違いない。しかし当時の比叡山の学僧たちの一般的な法然評価は低かった。むしろ法然の浄土教は仏法ではない、外道であるとさえ非難する者も少なくなかった。それは出家も在家も、持戒の者も破戒の者も、賢者も愚者も、善人も悪人も南無阿弥陀仏と称《とな》えさえすれば平等に、阿弥陀仏の浄土に生まれて涅槃のさとりが得られると説かれていた、まさにそのゆえであった。法然の教えは、

諸悪莫作《しょあくまくさ》（もろもろの悪はなすことなかれ）
衆善奉行《しゅぜんぶぎょう》（もろもろの善はつつしんで行なえ）
自浄其意《じじょうごい》（自らその心を浄くする）
是諸仏教《ぜしょぶつきょう》（これ諸仏の教えなり）
（『出曜経』大正大蔵経四・七四一頁）

といわれてきた仏教の根本的な法則（七仏通戒の偈）に背くものであって、世俗の愚者におもねって、仏法を堕落させる邪説であると非難されていたのであった。

▼親鸞の回心《えしん》

親鸞には、法然が仏教を破滅に導く悪知識であるのか、それともまことの救いの道を開く善知識であ

るのかの見定めがつかなかったに違いない。ただちに法然を訪ねることができなくて、迷い抜いたあげく、和国の教主と信奉されていた聖徳太子の指南を仰ごうとしたのはそのゆえである。親鸞の迷いは、聖徳太子の本地・観世音菩薩の霊告を受けることによって消えていった。

　こうして東山の吉水にあった法然の草庵を訪ねた親鸞に、法然は次のように語り、親鸞はこのように回心《えしん》されたと『恵信尼消息』は伝えている。

　ただ後世《ごせ》のことは、よき人にもあしきにも、おなじやうに生死出《しょうじい》づべき道をば、ただ一すぢに仰せられ候《そうら》ひしを、うけたまはりさだめて候ひしかば、「聖人のわたらせたまはんところには、人はいかにも申せ、たとひ悪道にわたらせたまふべしと申すとも、世々生々《せせしょうじょう》にも迷ひければこそありけめとまで思ひまゐらする身なれば」と、やうやうに人の申し候ひしときも仰せ候ひしなり。（聖典・八一一頁。以下「聖典」という場合は、『浄土真宗聖典』註釈版をさす）

　法然聖人は、「善人であれ、悪人であれ、すべてのものを分けへだてなく救って、後生《ごしょう》は浄土に迎え取ろうと願い立たれた阿弥陀仏が、念仏の一行を、生死を超える道として選び定めていて下さる。それゆえ私は、この身を本願にまかせて念仏を申しているのです」とただ一筋にお説きになった。その言葉を受け入れ、「私は聖人の往かれるところへ往かせていただこう。それがたとえ地獄であったとしても決して後悔はしない。このままでは永劫に迷い続けるしかない愚かな者ですから」と、さまざまに人が念仏を取り沙汰したときも親鸞は仰せられていたというのである。

法然の教えに感動した親鸞は、さらに百日間、一日も欠かさず師のもとへ通い、ついに本願を信じ、念仏する身となられた。親鸞はそのときのことを、

しかるに愚禿《ぐとく》釈《しゃく》の鸞、建仁辛酉《かのととり》の暦《れき》、雑行《ぞうぎょう》を棄てて本願に帰す。

（教行証文類、聖典・四七二頁）

と記している。それは親鸞の回心《えしん》の記録であり、第二の誕生を告げる言葉でもあった。二十年にわたる叡山での学問と修行を、雑行（阿弥陀仏の心にかなわない自力の行）という名のもとに捨てきったのである。それは二十年間、自分を育て導いてくれた恩師や先輩への訣別の宣言でもあった。身を切られるような思いをともなっていたに違いない。

古き自己に死んで、本願の世界に生まれ変わった親鸞にとって、回心は紛れもない第二の誕生だった。このとき法然から、「綽空《しゃくくう》」という新しい名を頂戴する。聖道門《しょうどうもん》を捨てて浄土門に入れと教えられた浄土門の祖師道綽《どうしゃく》の「綽」と、法然房源空の「空」の一字をいただいたものであろう。天台宗という自力聖道門から他力浄土門にきっぱりと転入されたからである。聖道門とは、自らの力によって、煩悩を断ち切り、この世において釈尊のような清らかなさとりを完成しようとする教えである。それに対して浄土門とは、この世に生きてあるかぎり煩悩をもやし続けるしかない愚かな凡夫《ぼんぶ》であるという自己への断念を通して、如来の本願力に身をまかせ、如来の御はからいのままに念仏の人生を送り、浄土に生まれたとき完全に煩悩を転じて、さとりを開くことを期する他力救済の教えであった。

▼『選択本願念仏集《せんじゃくほんがんねんぶつしゅう》』の相伝

法然の教えは、その主著の『選択本願念仏集』に顕《あら》わし尽くされている。『選択本願念仏集』はその題が表わしているように、念仏が選択本願の行であって、弥陀、釈迦、十方諸仏の本意にかなったまことの仏道であることを、浄土三部経（大無量寿経・観無量寿経・阿弥陀経）によって証明する書物であった。

選択本願とは、阿弥陀仏が法蔵菩薩《ほうぞうぼさつ》であられたとき、大悲心にもよおされて、苦しみ悩むすべての者を善悪・賢愚のへだてなく平等に救って浄土に迎えとろうとして、一切の自力の行を選び捨てて、称名念仏の一行を往生の行として選び取られた本願のことである。その称名は、どんな愚かな者であっても行なうことができる易行《いぎょう》であるとともに、阿弥陀仏のすべての徳がこもっている最も勝れた行でもあった。このように万人を平等に救って、最高のさとりを得させることができる最高の仏道として如来が称名念仏を選定されたことを法然は、「選択本願の念仏」と名づけられたのであった。

親鸞の厳しい聞法と研学とは、師の認めるところとなり、元久二年（一二〇五）四月、『選択本願念仏集』の伝授を受け、さらに師の真影（肖像画）を図画することを許された。三十三歳のときであった。そのときそれまでの綽空という名を善信と改め、法然の承認を得たといわれている。ともあれ『選択集』の伝授と真影の図画を許されたことは、師からその衣鉢《えはつ》を継ぐ正当な後継者として認可されたことを意味していた。

『選択本願念仏集』は、その内容が、当時としてはあまりにも過激であるというので、法然自身が、その最後に「庶幾《こいねが》はくは、一たび高覧を経てのち、壁の底に埋《うず》みて窓の前に遺《のこ》すことなかれ。おそらくは破法の人をして、悪道に堕《だ》せしめざらんがためなり」と注意を促されているほどであった。心なき者が読めば、必ず選択本願の道理を曲解し、念仏を謗《そし》るであろうから、彼らに念仏誹謗の罪を犯させないためにも、この書をご覧になった後は、壁の中に埋めるなりして、決して人目につくところには置かないようにしてほしいというのである。それだけに法然はこの書の伝授には心を配り、よほど信頼できる門弟以外には授けられなかったのである。それを入門してまだわずか四年にしかならないにもかかわらず、多くの先輩をさしおいて伝授されたということは、法然が親鸞に寄せる信頼と期待の大きさを物語っていたといわねばならない。

▼承元の法難と越後流罪

法然門下における平穏な聞法生活は、永くは続かなかった。念仏以外のあらゆる修行は、阿弥陀仏によって選び捨てられた行であって、真実の仏道ではないと言いきって、ただ念仏して阿弥陀仏のお救いにあずかれと勧めていく法然教学は、当然のことながら天台宗や法相宗《ほっそうしゅう》をはじめ、当時の仏教界のすべてから激しい非難と攻撃にさらされ、刻々と弾圧の足音が聞こえてきたからである元久元年（一二〇四）十一月、延暦寺から、天台座主《ざす》真性の名によって、法然の専修念仏《せんじゅねんぶつ》に非難を加えてきた。そこで法然は自ら山門に対して他意なき旨の起請文《きしょうもん》を送り、門下の念仏聖《ひじり》たちには、七箇条にわたる制誡を定められた。天台宗・真言宗・法相宗などの既成仏教に対して、反抗的な言動を行なったり、破戒無慙な行儀を人々に勧めたりしないように厳しく誡め、門弟たちの連署を求められたのであった。そのときの連署状の副本と考えられる「七箇条制誡」が京都嵯峨の二尊院に残っており、親鸞もそこに「僧綽空」と署名されている。この事件は、法然に帰依していた前関白藤原兼実《かねざね》の助言もあって一応無事に終息した。

ところが翌、元久二年十月には、奈良の興福寺から、法然とその門下の思想・行動が、仏法に背き、国法に背くとして、九箇条の失を挙げて朝廷に厳重な処分を要求する訴訟状が提出された。いわゆる「興福寺奏状」である。起草者は、学徳兼備の名僧として人々の尊敬を集めていた笠置《かさぎ》の解脱房貞慶《じょうけい》（一一五五―一二一三）であった。その末尾に、これは興福寺のみならず、八宗同心の訴状であると記されているように、仏教界の全体が心を合わせて法然一門の弾圧を要請するものであった。朝廷では訴状に対する慎重な審議が一年余りにわたって行なわれるわけであるが、建永二年（承元元年・一二〇七）一月下旬に至って、風紀問題にかかわる「無実の風聞」が取り上げられ、ついに専修念仏停止の院宣《いんぜん》がくだり、法然をはじめ主だった弟子たちの一斉検挙が始まったのである。

事件の顛末《てんまつ》を『教行証文類《きょうぎょうしょうもんるい》』の後序には、次のように述べられている。

ここをもつて興福寺の学徒、太上天皇《だじょう》(後鳥羽《ごとば》の院と号す、諱尊成《いみなたかなり》)、今上《きんじょう》(土御門《つちみかど》の院と号す、諱為仁《ためひと》)、聖暦、承元丁卯《じょうげんひのとう》の歳《とし》、仲春上旬の候に奏達す。主上臣下、法に背《そむ》き義に違《い》し、忿《いか》りを成し怨《うら》みを結ぶ。これによりて、真宗興隆の大祖《たいそ》源空法師《ほつし》ならびに門徒数輩《すはい》、罪科を考へず、猥《みだ》りがはしく死罪に坐《つみ》す。あるいは僧儀を改めて姓名《しょうみょう》を賜《たも》うて遠流《おんる》に処す。予はその一つなり。しかればすでに僧にあらず俗にあらず。このゆゑに禿《とく》の字をもつて姓とす。空師《くうし》(源空)ならびに弟子等、諸方の辺州に坐《つみ》して五年の居諸《きよしよ》を経《へ》たりき。(教行証文類、聖典・四七一頁)

ここには、「罪科を考へず、猥《みだ》りがはしく」死罪、あるいは流刑に処せられたということを当事者である親鸞が証言している。「罪科を考える」とは正当な裁判を行ない、法律に照らして正当な処罰を行なうことを意味していた。したがってこの親鸞の言葉は、正当な理由無しに処罰されたことを激しく弾劾したものである。ことに「主上臣下、法に背き義に違し、忿りを成し怨みを結ぶ」という言葉には、後鳥羽上皇をはじめ権力者たちが、力まかせに正法《しょうぼう》を弾圧して、人々の心の拠りどころを奪い去ったことに対する厳しい批判がこめられていた。この『教行証文類』は、法然の教えの真実性を顕彰すると同時に、選択本願念仏を非難攻撃する人々の過《あやま》ちを明らかにするという意味ももっていたのである。

『歎異抄』や『血脈文集』の付録文書や、覚如の『拾遺古徳伝』などによれば、このとき住蓮、安楽たち四名が死罪になり、法然をはじめ八名(実際に流罪になったのは証空を除く七名)が流罪に処せられたという。法然は土佐の国へ、親鸞は越後の国府へ、それぞれ流罪になっている。流罪にあたって、当時の刑法に従って僧侶は僧籍を剥奪されて俗名をつけられた。親鸞は藤井善信という俗名を与えられたという。しかし朝廷から押しつけられた俗姓《ぞくしょう》をいさぎよしとせず、自ら「禿」を姓とするといい、「愚禿《ぐとく》親鸞」と名乗るようになったといわれている。そして自身を非僧非俗と位置づけていかれたのであった。

▼非僧非俗

非僧非俗の非僧とは、一般的にいえば、僧籍を奪い取られて僧侶としての地位がなくなったことであり、非俗とは、世俗の職業について在家生活を送るものではなく、念仏に生き、また人々にも伝えていくという生き方をすることを意味していた。しかし親鸞の生き方を見ていると、ただ僧籍を奪われたという外的な、偶然的な意味で非僧といわれたのではなくて、自ら進んで妻を娶《めと》り子をもうけるという戒律を捨てた、まぎれもない非僧の生き方を選んだことを意味していた。そしてその非僧の生活の中で、愛憎の煩悩にまみれた凡夫を救い、導きたまう本願の真実を確認しようとされていたことがわかる。それによって世俗の生活がそのまま愛憎を超え、生死《しょうじ》を超える念仏の道場となっていったのである。そこに世俗のままが非俗といわれる意味をもつにいたったのである。念仏の道を生きるということは、煩悩の生活の真っ只中で如来に出逢うことであり、在家生活がそのまま仏道としての意味をもつことであった。そのような生き方を親鸞は非僧非俗といわれたのであろう。親鸞の選んだ在家仏教は、仏教を世俗化していくことではなく、世俗を仏道に高めていくことであった。

越後での五年にわたる流人としての生活は、貴族出身のエリート学僧としての親鸞を、徹底的に鍛えなおしたに違いない。市民権を剥奪された人間の惨《みじ》めさを通して、社会の底辺に生きる人々への共感と連帯が呼び覚まされていった。また越後という厳しい自然の中で、大地にへばりつくようにして生きている庶民のたくましさと哀歓を身にしみて味わわれたことであろう。人は自分の力の空しさを思い知らされるとき、実にさまざまなことを学び、さらに人間のはからいの届かない途方もなく大きなものの力と御はからいを実感するものである。

親鸞がいつ結婚されたかはわからない。京都時代にすでに結婚されていたかも知れないが、少なくとも越後時代には、兵部大輔《ひょうぶたいふ》・三善為教《みよしためのり》の娘で、のちに法名を恵信《えしん》と名乗る女性と結婚し、やがて男女六人の子女をもうけられていく。『日野一流系図』によれば、小黒《おぐろ》の女房、慈信房善鸞、信蓮房明信、益《ます》方《かた》入道道性（有房）、高野の禅尼、覚信尼が聖人と恵信尼との間に生まれた子女とされている。そのほかに藤原兼実の娘との間に範意という者がいたといわれているが、確かではない。しかし上記の六名については『恵信尼消息』などによって確かめることができる。

▼関東行化

建暦元年（一二一一）十一月十七日、法然一門の流罪が赦免になる。しかしかねてから病床についておられた法然は、京都へ帰って間もない建暦二年一月二十五日、東山大谷で往生の素懐をとげられた。八十歳であった。親鸞はそのまま越後に留まっておられたが、建保二年（一二一四）、関東の念仏聖《ひじり》たちの招きに応じて、彼らに法然の教えを伝えるために、妻子を伴って常陸に移住された。四十二歳のときであった。関東へ向かわれた動機はさだかではないが、伝説によれば、のちに横曽根《よこぞね》門徒《もんと》の指導者となる性信《しょうしん》の招きに応じて、関東の念仏聖たちに法然の教えを伝えるためであったといわれている。

関東では、常陸（茨城県）の小嶋の草庵や、稲田の草庵を中心に、主として北関東から奥州にかけて教化し、多くの門弟を育てられた。『親鸞聖人門侶交名牒《もんりょきょうみょうちょう》』には四十四名の門弟が記録されているが、その中三十五名が関東から奥州にかけての住人であり、中でも常陸在住は十八名もいた。なお親鸞の手紙などによって、門弟は八十人ぐらいはいたであろうと推定できる。多くは善光寺系の勧進聖《かんじんひじり》たちであったと考えられる。

聖人の関東在住の期間は約二十年であったといわれているが、その間に特筆すべきことは、元仁元年（貞応三年・一二二四）のころから、浄土真宗の立教開宗の根本聖典となる『顕浄土真実教行証文類《けんじょうどしんじつきょうぎょうしょうもんるい》』（教行証文類）を著されていったことである。おそらく貞応三年（元仁元年）、延暦寺から朝廷に提出された「延暦寺奏状」（延暦寺大衆解）によって、再び専修念仏の停止が宣下されたが、それが、『教行証文類』撰述の動機になったのではないかと思う。

▼晩年の親鸞

親鸞は、六十一・二歳ごろ、関東から京都へ帰られる。理由はわからないが、『教行証文類』を完成するために、書物の入手が便利な京都へ帰られたのではないかともいわれている。京都では、ところどころに移住されたようであるが、一ばん永く滞在されたのは五条西洞院のあたりであったといわれている。しかし最晩年には、弟の尋有僧都《そうず》の房舎の善法坊に寄宿されるようになる。

京都に帰られてからは、『教行証文類』を添削して完成すると同時に、『和讃』をはじめ多くの書物を著し、また関東から訪ねてくる門弟たちに浄土の法門を教授し、あるいは書簡を送って遠国の門弟たちを指導していかれたのであった。しかしその晩年になって悲劇的な事件が起こる。建長八年（一二五六）にピークを迎えたいわゆる善鸞事件である。しかしその事件の真相は必ずしも明らかではない。わずかに二通の善鸞義絶状と、関連する親鸞の書簡によって推測するしかないからである。

それは建長三・四年ごろ、関東の門弟集団の中に、「悪は思ふさまにふるまふべし」というような造《ぞう》悪無碍《あくむげ》的な言動を行なう者があって、社会問題になりはじめたので、門弟たちの要請もあって親鸞は息男の慈信房善鸞をつかわして指導させようとされたわけである。ところが善鸞は、父親鸞は決して作ろうとしなかった自分の門徒集団を作ろうとしたらしく、他の門弟集団から浮き上がってしまったようである。それればかりか、父親鸞は、一般の門弟たちには伝授しなかった一子相伝の往生極楽の秘法を自分にだけ夜ひそかに伝授してくれたといい、他の門弟たちの教えを聞いても往生はできないといったようである。あげくのはてにには、他の門弟たちが説いている第十八願の教えは「しぼめる花」のようなもので、まことの往生の法門ではないといって本願を捨てさせたといわれている。

こうして確実に往生したければ、私の弟子になればその秘法を伝授してやろうと勧めたために、大部《おおぶ》の中太郎《ちゆうたろう》（平太郎？）入道の門徒などは、九十人以上もが善鸞のもとに走るというような事態が起こった。性信をはじめ門弟集団の指導者たちもそれぞれに善鸞の教えによる被害を受けたから、彼らは善鸞の動きを激しく非難した。すると善鸞はそれに対抗して、親鸞の指示と偽って、常陸《ひたち》・下野《しもつけ》地方の在地権力者に、性信たちを反社会的な活動をしているから取り締まるようにと訴え出たために、性信や入信たちは鎌倉幕府へ召喚されるというような事件が起こったのである。

父親鸞の名をかたったこれらの事件の真相を知った親鸞は、父と子の縁を絶つ以外に事態を収拾する道のないことをさとり、建長八年五月二十九日、善鸞に宛てて親子の縁を切る旨の義絶状を送り、同日、性信に宛てて、善鸞を義絶したことを関東の門弟一同に通達するようにと公開義絶状をしたためられたのであった。ときに親鸞八十四歳であった。事件は親鸞のこの処置と性信たちの活躍によって終息したが、親鸞の受けた精神的な打撃ははかりしれないものがあった。

このような事件が起こったこともあって、親鸞は八十歳を過ぎても、なお精力的に著述に専念して法義を顕揚し、ことに多くの書状をしたためて関東の門弟たちの信心と生活の指導に努められた。その著作は主著の『教行証文類』をはじめ十数部にのぼり、本願寺派編纂の『浄土真宗聖典』には十四部二十一巻が収録されている。しかし『観経集註』・『阿弥陀経集註』や、さらに『西方指南抄』のような編纂聖教《しょうぎょう》や、聖教加点、聖教書写、聖教延書《のべかき》などを合わせるとおびただしい数にのぼる。その主な著作は後に紹介する通りである。

こうして九十歳という当時としては驚異的な長寿を全うして、三条富小路にあった弟・尋有の善法坊で往生の素懐をとげられたのである。ときに弘長二年（一二六二）十一月二十八日であった。善法坊は、現在の中京区柳馬場通り御池上る、柳池中学校の校庭にあったと推定されている。

親鸞入滅の後、鳥部野《とりべの》の延仁寺で火葬にされたあと、遺骨は東山大谷の墳墓に埋められたが、文永九年（一二七二）、末娘にあたる王御前《おうごぜん》（覚信尼・一二二四—一二八三）の屋敷内に、門弟たちの協力によって六角の廟堂《びょうどう》を立て、墓標と遺骨を移したが、そののち、さらに御真影（木像）を安置するようになった。その後、廟堂は覚信の長男覚恵（一二三九—一三〇七）、その長男の覚如（一二七〇—一三五一）と受け継がれていくが、覚如は、この廟堂を本願寺と名づけ、寺院としていかれたのであった。今日の東西本願寺の濫觴《らんしょう》である。

II 主要著作

『顕浄土真実教行証文類《けんじょうどしんじつきょうぎょうしょうもんるい》』六巻

『教行証文類』とも、『教行信証』とも、『御本典』とも呼ばれるこの書は、元仁元年（一二二四）五十二歳ごろから書き始め、関東在住中にその原型が成立していたと推定される。帰洛後、六十三歳ごろに清書し、さらに添削を加え、七十四・五歳のころにほぼ完成したと考えられる。もっとも細部にわたる添削は八十歳を越してからも続けられていたことが、現存する唯一の自筆本である東本願寺本（坂東本）によって確かめることができる。まさに親鸞の後半生の信行と思索がこの書に凝集しているといえよう。

そこには浄土真宗の教義を二回向四法《にえこうしほう》という独自の体系をもって明らかにされている。すなわち阿弥陀仏の救済活動を本願力の回向という言葉で表わし、そのありさまを往相回向《おうそうえこう》と還相回向《げんそうえこう》という二種の回向相に分けられるのである。往相とは、私どもが迷いの境界から、さとりの境界である浄土に往生していくありさまということで、教・行・信・証の四法がそれである。還相とは、さとりの智慧を完成したものが、大悲を起こして、浄土から、苦しみ悩む人々のところに還ってきて救済活動をすることである。それは証果の必然としての大悲の活動であるから証果の悲用と言い習わしている。このように私どもが往相することも還相することも、すべて阿弥陀仏の本願力のなさしめるわざであって、私どもに如来より回向された事柄であるから本願力回向の二相といわれるのである。

こうして『教行証文類』には、阿弥陀仏の本願力は、生死《しょうじ》に迷う私どもを呼び覚ますために、まず釈尊に真実の教である『大無量寿経』を説かせ、本願の名号《みょうごう》のいわれを十方の衆生に知らせていくというので、まず「教文類《きょうもんるい》」が説かれる。その教は「南無阿弥陀仏」という本願の名号をいただいて称《とな》えよと真実の行を説き示されているというので、次に「行文類」が説かれる。そこには、念仏は凡夫《ぼんぶ》の口に現われているが、凡夫の行ないではなくて、阿弥陀仏が私どもに本願の救いを呼びかける説法であるという意味では如来行であることが明かされていく。

この教によって、この本願の行を疑いなく信受する真実の信心が与えられるから、次に「信文類《しんもんるい》」が説かれている。そこには信心は如来から回向された心であってその本体は仏心であり、大菩提心であるから、よくさとりの因となるという信心正因《しんじんしょういん》の道理が顕《あら》わされている。そして本願の念仏を信じる者は、即座に阿弥陀仏の光明の中に摂《おさ》め取られ、護り続けられるから、凡夫の身でありながら必ず仏になることに決定し、聖者の仲間である「正定聚《しょうじょうじゅ》」の位につくといわれている。このような正定聚の人は、この世を終わると同時に阿弥陀仏のさとりの境界である真実の浄土（報土）に往生して完全な仏陀になるという往相の証果と、さとりを完成した者は、ただちに迷える人々を救済する大悲還相の働きをするようになることを明かすために「証文類」が説かれている。

次いで、往相・還相が、そこから出て、そこへ帰っていく真実の如来・浄土の世界を顕《あら》わすために「真《しん》仏土文類《ぶつどもんるい》」が説かれる。こうして真実の教えを体系的に顕わされたあと、最後に真実の教えに背く邪偽の宗教（外教）と、そのような邪偽の宗教から真実の教えへと人々を導き育てるために説かれた教育的手段としての方便の教え（聖道門《しょうどうもん》・要門・真門）のあることを広く説き示される。それが「化身土文《けしんどもん》類《るい》」である。

こうして『教行証文類』は、教・行・信・証・真仏土・方便化身土の六巻に分けて真実の宗教と、真実に背く邪偽の宗教と、邪偽から真実へと人々を導いていく方便の宗教とを体系的に明らかにするという空前のスケールで顕わされた聖典なのである。浄土真宗の立教開宗（独自の教義体系を樹立して、新しい宗旨を開く）の根本聖典（本典）といわれるゆえんである。

なお「行文類」の最後に「正信念仏偈《しょうしんねんぶつげ》」（正信偈《しょうしんげ》）と呼ばれる六十行百二十句の詩（偈文《げもん》）が置かれている。その前半には釈尊が説かれた真実教である『大無量寿経』（大経）の法義を要約して讃えられており、後半には『大経』に説かれた阿弥陀仏の本願の教えをインド・中国・日本と三国にわたって伝統し顕彰してこられた龍樹《りゅうじゅ》・天親《てんじん》・曇鸞《どんらん》・道綽《どうしゃく》・善導《ぜんどう》・源信《げんしん》・源空《げんくう》という七人の高僧の教えが要約して示されている。それは『教行証文類』の法義のすべてを要約したものであり、浄土真宗という教えの肝要を讃嘆された深遠な教義詩であった。

『浄土文類聚鈔《じょうどもんるいじゅしょう》』一巻

『教行証文類』が「広文類《こうもんるい》」と呼ばれるように六巻から成っているのに対して、本書は「略文類」と呼ばれるように、それを一巻に要約されたものである。内容も「真仏土文類」と、「化身土文類」に相当する部分を省略し、引用文も肝要なものだけに限られている。しかし本願力回向の二相である往相《おうそう》・還相《げんそう》と、往相の内容としての教・行・信・証について簡略に示し、「正信念仏偈《しょうしんねんぶつげ》」に相当する「念仏正信偈」を述べ、また「信文類」の三一問答《さんいちもんどう》と同じ問答段を設けて、本願の信心は、三心と誓われているが、それは疑いなく本願を信受する一心に帰するという三心即一心の法義を明かされている点では、『教行証文類』と内容的には同じである。

本書の成立について、『教行証文類』の前か後かという議論があるが、おそらく長い時間をかけて『教行証文類』が推敲、添削されていき、ほぼ完成の域に達したころに、その大綱を略述されたものであろう。

『愚禿鈔《ぐとくしょう》』二巻

上巻には、仏教の中での真宗の位置を明らかにするために二双四重《にそうしじゅう》と呼ばれる独自の教判を明かされる。それは仏教を竪超《しゅちょう》・竪出《しゅしゅつ》、横超《おうちょう》・横出《おうしゅつ》の四種に分類するものである。自力によってさとりの完成を目指す聖道門《しょうどうもん》の中で、この身のままで速やかに仏陀と同じさとりを開くことができると説く教えを竪超の法門といい、永劫にわたる修行の後にようやく聖者の位にいたると説く教えを竪出の法門という。もっとも竪超の法門は理論的には速やかに成仏することが可能であるといわれるが、実際には、永劫にわたる修行がなされなければならないといわれている。阿弥陀仏の浄土に往生して成仏を目指す教えを浄土門というが、その中にも、本願他力を信ずるばかりで真実の報土に往生し、即座に成仏するという極めて速やかな成仏道を説く横超の法門と、方便化土《けど》にしか往生できない他力の中の自力の教えを説く横出の法門とがあるといわれている。このような四種類の仏道の中で、浄土真宗とは、横超の法門であって、煩悩具足《ぼんのうぐそく》の凡夫が速やかに成仏することが約束されている唯一にして最高の仏教であるということを論証されている。

下巻には、善導の『観経疏《かんぎょうしょ》』の「三心釈」を引いて、詳しい解釈をほどこし、浄土真宗の信心と行業について精密な考察が行なわれている。

なお本書の著作年次は明らかではないが、門弟に講義をされるときのノートではなかったかと思う。

『入出二門偈《にゅうしゅつにもんげ》』

世親《せしん》（天親《てんじん》）の『浄土論』に説かれた礼拝《らいはい》・讃嘆《さんだん》・作願《さがん》・観察《かんざつ》・回向《えこう》という自利・利他の行である五念門と、それによって得る近門《ごんもん》・大会衆門《だいえしゅもん》・宅門《たくもん》・屋門《おくもん》・薗林遊戯地門《おんりんゆげじもん》という五功徳門についての親鸞独自の見解を明かすことを主とした七十四行にわたる教義的な讃嘆の偈頌《げじゅ》（詩）である。元来は、五念門は浄土願生《がんしょう》の菩薩道として明かされた自利・利他の行であったが、親鸞はそれを「願力成就を五念となづく」といって、法蔵菩薩が修行して成就し、南無阿弥陀仏の名号にこめて私どもに与えられた自利・利他の行徳であるといわれている。そしてそのような五念門と五功徳門とを入（自利）出（利他）二門と呼んで、その徳を讃えられた偈文であるから『入出二門偈』と名づけられたのである。しかしそれだけに止まらず、世親の教えを解説された曇鸞《どんらん》の釈義と、その後継者である道綽《どうしゃく》と善導の釈義が続いて讃嘆されている。述作の年時は明らかではないが、おそらく八十三歳ごろであろうと推定される。

『三帖和讃《さんじょうわさん》』

和讃とは、和語（やまとことば）をもって仏徳を讃嘆する詩ということであるが、特に平安時代の中期から鎌倉時代にかけて流行した七五調で、四句で一首になる「今様《いまよう》」と呼ばれる詩形をもって仏徳を讃嘆するのが親鸞の和讃である。もっとも親鸞は和讃を「やわらげほめ」といい、漢文で書かれていた経典や祖師の釈文を「やわらげ」て、わかりやすく知らせるために書かれたといわれている。事実親鸞の和讃の特徴は、必ず依りどころになった経釈の文があるということである。

親鸞の和讃は、五百首を越えるおびただしい数にのぼるが、その中で、『浄土和讃』・『高僧和讃』・『正像末《しょうぞうまつ》和讃』を特に『三帖和讃』と呼び、真宗の門徒は日常の勤行《ごんぎょう》に用いている。そのほかに聖徳太子の徳を讃える和讃が二百首近くある。『浄土和讃』は、曇鸞《どんらん》の『讃阿弥陀仏偈《げ》』をやわらげて和讃にされた「讃阿弥陀仏偈和讃」をはじめ、浄土三部経を和讃された「大経讃」・「観経讃」・「弥陀経讃」、それにさまざまな経典によって阿弥陀仏を讃嘆された「諸経和讃」・「現世利益《げんぜりやく》和讃」・「勢至《せいし》和讃」をまとめたものである。『高僧和讃』は、浄土真宗の法義をインド・中国・日本の三国にわたって伝えられた龍樹・天親《てんじん》・曇鸞・道綽《どうしゃく》・善導・源信・源空の徳が讃えられているから、「正信念仏偈《しょうしんねんぶつげ》」の後半の部分を和讃として広く讃詠したものといえよう。

『正像末和讃』は、釈尊を遠く離れるにつれ、仏法は正法・像法・末法と次第に衰退し、今日ではもはや自力の修行によってさとりを開くことができない末法の時代になっている。そんな時代に生きる私ども凡夫が救われる道は、阿弥陀仏の本願のほかにはありえないといい、その本願の救いに遇《あ》うことができた身を喜び、如来大悲の恩徳《おんどく》と、浄土の祖師のご恩の尊さを讃仰された和讃である。それにさらに本願を疑うことを誡めた「誡疑讃」と、聖徳太子を讃仰する十一首の「皇太子聖徳奉讃《しょうとくほうさん》」、自身の愚かさと頽廃した仏教界の現実を悲歎する「愚禿悲歎述懐《ぐとくひたんじゅっかい》」、それに聖徳太子和讃の残片と見られる「善光寺和讃」を加えて、全体を『正像末和讃』と呼ばれている。さらに蓮如が文明五年（一四七三）に開版された文明版の和讃には、最後に「自然法爾《じねんほうに》」の法語と、二種の和讃が収められている。

『三帖和讃』のうち、『浄土和讃』と『高僧和讃』とは、七十六歳のときに初稿本がまとめられたようであるが、『正像末和讃』は八十五歳以後に順次成立していったようである。

『浄土三経往生文類《さんぎょうおうじょうもんるい》』一巻

『三経往生文類』ともいい、広略二本がある。広本は略本の増広改訂本である。三経往生とは大経《だいきょう》往生・観経《かんぎょう》往生・阿弥陀経往生のことで、大経往生は真実の法義を顕《あら》わしており、観経往生と阿弥陀経往生とは方便の法門であるということを顕わされている。

『大経』（大無量寿経）は、阿弥陀仏の本願の中でも特に真実の救いを誓われた第十八願の心を釈尊が解説された真実の経（教）である。そこには人間の思いはからいを超えた阿弥陀仏の本願を信じて念仏する者は、即時に仏になることに決定した正定聚《しょうじょうじゅ》の位に住し、いのちを終わると同時に真実の報土に往生して、阿弥陀仏と同じさとりを完成する。それは人間の思いはからいを超えた仏智の御はからいによって恵まれた往生であるから難思議往生《なんじぎおうじょう》といい、それを「大経往生」というのである。それを詳しく顕わすと往相回向・還相回向《げんそうえこう》という本願力回向の二相となるといい、往相の内容としての行・信・証について簡潔な説明がなされている。

『観経』は、隠彰《おんしょう》と顕説《けんぜつ》の両面のある経である。すなわち『大経』と同じ真実の法義は、隠された形でしか説かれておらず、顕《あら》わに説かれている顕説には、心を静めて如来を観念する定善《じょうぜん》と、散り乱れた心のままで悪をやめて善を修めていくさまざまな散善とが往生の因として示されている。それは自力の執着の強い未熟な者を育てるための教育的手段として誓われた第十九願の内容を釈尊が広く開説されたものである。こうした自力の定善や散善といった諸行を修行する者も、臨終には仏菩薩の来迎にあずかり、仏が仮に設けられた方便化土《ほうべんけど》に往生するが、このような化土の往生を双樹林下《そうじゅりんげ》往生といい、「観経往生」というのである。双樹林下とは、釈尊が八十歳でご入滅された場所のことであるが、同じ浄土でも、方便化土の阿弥陀仏は、未熟な者に応じて仮に現われた化身仏であって、真の無量寿仏ではないから、入滅されるときがある。それはちょうど釈尊のようであるから、化土の往生は、入滅される仏を見るような往生にすぎないというので、双樹林下往生というのである。

『阿弥陀経』にも『観経』と同じく隠・顕がある。隠彰としては、諸仏が讃嘆されるような他力念仏往生も説かれてはいるが、それは秘かに説かれている教えであって、顕《あら》わに説かれているのは自力をたのむ念仏である。自力の念仏とは、本願他力を疑って自分の修行能力をたのみ、名号を称《とな》えた功績によって如来の救いにあずかろうとする念仏であって、それを疑心の念仏という。すなわち精神を集中して心乱れることなく臨終まで称名を相続すれば、仏は称名した功徳を評価して、臨終には行者を来迎し、功徳の厚薄に応じた浄土に往生させてくださると信じている念仏である。しかしそのような人の前に現われる浄土は真実の浄土ではなく、疑城《ぎじょう》・胎宮《たいぐう》といわれるような名で表わされる化土にすぎない。方便化土に往生した者は、自らをたのんで、如来をたのまない自分の過ちに気づくまで教育を受ける。親鸞は、このような方便化土の往生を難思往生と呼び、「阿弥陀経往生」と名づけられている。南無阿弥陀仏という真実の法に遇《あ》いながら、本願の心に背いて、自力をたのんで称えている者の往生であるから「難思議往生」の「議」の一字を省いてその過ちを知らせようとするのであるといわれている。

こうして浄土真宗における真実の教えと、方便の教えの綱格をわかりやすく知らせるために著されたものであって、『教行証文類』の前五巻を「大経往生」としてまとめ、「化身土文類」の内容を「観経往生」、「阿弥陀経往生」として解説されたものである。

『尊号真像銘文《そんごうしんぞうめいもん》』二巻

『尊号真像銘文』には広略二本がある。「尊号」とは名号のことであり、「真像」とは祖師方の肖像画のことである。「銘文」とは、本尊として書き与えられた名号の上下に銘として書かれていた経論の文や、龍樹や天親などの祖師方の肖像画に書かれていたそれぞれの祖師を讃える讃文のことである。すなわち『尊号真像銘文』とは、そうした名号や肖像画に書かれていた讃文を集めて平易に解説されたものをいうのである。

「尊号」とは、親鸞自身が「愚禿《ぐとく》親鸞敬信尊号」といい、ご自身が敬信されている尊号を本尊として書かれた「名号本尊」のことである。親鸞自筆の名号本尊には、帰命《きみょう》尽《じん》十《じっ》方《ぽう》无《む》碍《げ》光《こう》如《にょ》来《らい》という十字名号と、南無不可思議光仏という八字名号と、南無阿弥陀仏という六字名号とが現存している。しかしここに注釈を加えられている銘文から見て、おそらく高田本山専修寺《せんじゅじ》に伝わる十字名号（黄字十字）を指していたと推定される。しかし「真像」が何を指すのかよくわからない。あるいは、のちに書かれる光明本尊に類するものがあったのかも知れない。ただ最後に「和朝愚禿釈親鸞正信偈文《しょうしんげもん》」といって「正信偈」の一節を挙げて注釈がなされているが、おそらく八十三歳のときに画かれた「安城《あんじょう》の御影《ごえい》」か、その系統に属するものと考えられる。

本書の略本は一巻であるが、広本は二巻に増広され、略本にはなかった『首楞厳経《しゅりょうごんきょう》』・『十住毘婆沙論《じゅうじゅうびばしゃろん》』、迦才《かさい》の『浄土論』、聖徳太子礼讃の文などが注釈されている。現存する真蹟の略本は八十三歳のときのものであり、同じく真蹟の広本は八十六歳のときのものである。

『一念多念文意《いちねんたねんもんい》』一巻

親鸞には、文意という名で呼ばれる著作が二部ある。『一念多念文意』と『唯信鈔文意《ゆいしんしょうもんい》』である。前者は隆寛の『一念多念分別事』の、後者は聖覚《せいかく》の『唯信鈔』の、それぞれに引用されている漢文の意味を解説する書という体裁をとっているから「文意」というのである。

親鸞は、法然門下では特にこの二人を法然の真意を伝持する人として尊敬し、二人の書物を門弟たちに推賞されていた。ことに当時広く論議されていた一念多念の争いを誡め、正しい本願の信心と念仏の受け取り方を指示された書として『一念多念分別事』を高く評価し、関東の門弟たちに書き与えておられた。その中に引用されている経釈の文に注釈を加えられたのが本書である。

しかし内容を見ると前半には「一念をひがごととおもふまじき事」といって、一念に往生が定まるということが間違いではないということを十四文を挙げて証明されている。特に法然も隆寛も明らかにされていなかった信の一念を強調し、現生正定聚《げんしょうしょうじょうじゅ》説を詳細に解説されている点は親鸞の思想の境位を知るうえに重要な示唆を与えてくれる。後半には「多念をひがごととおもふまじき事」といって、多念往生を説くことも間違いではないといい、そのことを八文を挙げて証明されている。こうして法然から伝承した専修念仏の法義は、一念往生にとらわれて多念往生を否定したり、多念往生にとらわれて一念往生を否定したりするものではないといい、一多に滞《とどこお》らず本願にまかせて念仏を信じ行ずることを法然は「念仏往生」といわれたのであると結論づけられている。

本書の親鸞真蹟本は、東本願寺に所蔵されているが、それは康元二年(一二五七)八十五歳のときの書写になっている。しかし建長八年の性信《しょうしん》宛の御消息(善鸞義絶状)に書名が出ているから、それ以前の著作であることは明らかである。なお本書には『一念多念証文』という題号をもった室町時代の写本があるから、このような名称で呼ばれる一本があったとも考えられる。

『唯信鈔文意《ゆいしんしょうもんい》』一巻

法然門下の先輩であった聖覚《せいかく》の『唯信鈔』に引用された経釈の要文に注釈をほどこされたものである。親鸞は関東時代にすでに聖覚から直接自筆本『唯信鈔』を贈られたようで、関東の門弟たちにしばしば書き送り、熟読するよう勧められていた。実際門弟たちはよく読んでいたようで、『歎異抄』をはじめ門弟たちの聞書や手紙などにもその影響が見られる。

注釈は、まず『唯信鈔』という題名と、引用文に対する詳細な解説からなっている。引用文は法照《ほっしょう》の『五会法事讃《ごえほうじさん》』の文が二文、善導の『法事讃』の文、『観経』の三心の経文、善導の「散善義」至誠心釈《しんしゃく》の文、『五会法事讃』所引の慈愍《じみん》の文、『大経』第十八願の文、『法華経』の非権非実《ひごんひじつ》の文、『観経』の下々品《げげぼん》の文、『往生礼讃《おうじょうらいさん》』の第十八願取意の文の十文が引釈されている。これらの釈は、『唯信鈔』の文脈による解説にとどまらず、むしろ『唯信鈔』を超えて、親鸞独自の見解が鮮明に述べられていて、『尊号真像銘文』や、『一念多念文意』と並んで晩年の親鸞の思想信仰を知る重要な聖教《しょうぎょう》である。

現存する真蹟本は、高田本山専修寺に康元二年正月十一日付のものと、同年同月二十七日付のものとがある。いずれも八十五歳のときの書写である。しかし建長二年、七十八歳のときの原本を写したと考えられる古写本があり、撰述はそのころにさかのぼると考えられる。

『親鸞聖人御消息《ごしょうそく》』一巻

親鸞が、晩年関東各地の門弟たちに与えられた消息（手紙）や法語を収録したものである。すでにこの種のものとしては、滅後間もないころから収録・編集が続けられ、『親鸞聖人御消息集』（十八通）、善性本《ぜんしょう》『御消息集』（六通）、『血脈文集《けちみゃくもんじゅう》』（五通）、『顕智上人書写消息』（二通）、『末灯鈔《まっとうしょう》』（二十二通）等がある。それらには重複するものもあり、さらに近年公開された真蹟の手紙類や古写本などを加えて、『原典版聖典』（浄土真宗聖典原典版）には四十三通を『親鸞聖人御消息』と名づけて編集し収録している。もちろん『註釈版聖典』も同じである。

これらの消息や法語を通して、関東の門弟たちの状況や、晩年の親鸞の信心と行動が浮き彫りにされていく。ことに善鸞事件で、門弟たちの中にどのような波乱が起こったか、また親鸞がわが子善鸞を義絶するという苦渋に満ちた処置を採らねばならなかったことの意味も、これらの消息を通して明らかになる。さらにまた、八十六歳のときに、下野《しもつけ》高田の顕智に語られた「自然法爾《じねんほうに》」の法語などによって、浄土真宗の教えの深奥に触れることができる。

『恵信尼消息《えしんにしょうそく》』一巻

親鸞の妻、恵信が、親鸞入滅の翌年、弘長三年（一二六三）から文永五年（一二六八）に至る六年間にわたって、末女の覚信に送った八通の手紙を編集したものである。このほかに恵信のものとして「譲り状」二通と、『大経』の音読仮名書があるが『原典版聖典』では省略されている。いずれも真蹟原本は西本願寺に所蔵されている。

恵信は、晩年（建長六・七年、聖人八十二・三歳ごろ）に、京都から越後に帰られたようである。それは越後に住んでいた四人の子女のうち、小黒《おぐろ》の女房が亡くなって、彼女に与えていた領地の管理と、残された孫たちの養育のためではなかったかといわれている。

手紙の中でも、特に覚信から親鸞の往生の知らせを受け、在りし日を偲びながら書かれた部分は、最初の、そしてもっとも確実な親鸞伝記として極めて重要な意味をもっている。その第一は、親鸞が比叡山を出て六角堂に参籠し、夢告を得て法然に会い、決定的な回心《えしん》をされたという親鸞の信心と宗教の原点を伝えている。第二は、常陸の下妻に滞在中、法然は勢至菩薩の化身、親鸞は観音菩薩の化身であるという夢を見たといい、自分はそのとき以来秘かに親鸞を観音の化身と信じてきたと娘に告白されている。第三には、寛喜三年（一二三一）親鸞五十九歳のとき、重病にかかられたときの出来事から、さらに十七年前の建保二年（一二一四）四十二歳のときに上野国《こうずけのくに》佐貫《さぬき》で、三部経の千部読誦《どくじゅ》を発願されたが四・五日で思い返して中止し、常陸へ向かわれたということが述べられている。この記事によって親鸞が関東へ移住された時期と、誰が招待したかということと、経典読誦の中止のもつ意味といった、さまざまなことが明らかになってきた。さらにその他の消息を通して、恵信の深い念仏の信心が知られると同時に、細やかな母と娘の情愛がにじむすばらしい書簡である。

『歎異抄』一巻

『歎異抄』は、親鸞の直弟子であった常陸の河和田の唯円《ゆいえん》の著であるといわれている。初めに親鸞の滅後、その門弟集団の中にさまざまな異義が発生し、真実の信心がおおい隠されようとしている現実を歎《なげ》き、親鸞からうけたまわった他力の信心を示すご法語を書きつづって、後学の指針とする旨を述べる序文がおかれている。

本文は、十八条に分かれていて、前半の十条には親鸞の法語（師訓）が記され、後半は、短い中序を置いて八か条にわたって当時のさまざまな異義を挙げて批判されている。それは前半の師訓を標準にして、後半の異義を歎《なげ》きつつ批判するという体裁になっているのであるが、後半の部分にも至るところに親鸞の法語がちりばめられている。

後序には、法然の信心と親鸞の信心が一つであるということを、法然門下で起こった信心一異の諍論を通して語り、さらに聖教《しょうぎょう》拝読の心得や、親鸞のつねの仰せ二つを挙げ、私のはからいをまじえて、真実の救いを聞き誤ることなく、ひたすら本願の大悲を仰いで念仏すべきことを勧めて結ばれている。なお本文が終わったのちに、承元の法難の顛末を述べる付属文書がおかれている。

III 親鸞の言葉に学ぶ

一、『歎異抄』の言葉

弥陀の誓願

弥陀の誓願不思議にたすけられまいらせて、
往生をばとぐるなり

原文

弥陀の誓願不思議にたすけられまゐらせて、往生をばとぐるなりと信じて念仏申さんとおもひたつこころのおこるとき、すなはち摂取不捨《せっしゅふしゃ》の利益《りやく》にあづけしめたまふなり。

（第一条、聖典・八三一頁）

現代語訳

人間の思いをはるかに超えた阿弥陀仏の誓願に救われて、生と死を超えた、さとりの領域に生まれさせていただけると信じて、如来の仰せに従って念仏を申そうと思いたつ心が起こるとき、即座に阿弥陀仏は大悲の光明の中におさめとり、護り続けるという利益を与えて下さる。

解説

まことの仏陀

『歎異抄』第一条の冒頭のこの言葉は、阿弥陀仏の本願力によって私に救いがもたらされるありさまを、信心と念仏と摂取の利益《りやく》をもって端的に表わしている。

『大無量寿経』によれば、久遠《くおん》の昔、法蔵《ほうぞう》と名乗る菩薩が出現し、少しも煩悩のまじわらない浄らかな、さとりの領域である浄土を建立し、生きとし生けるすべてのものを迎え取って、まことの目覚めと安らぎを与えようという誓願を起こされた。そしてその誓願を実現するために永劫《ようごう》にわたって修行を積み、万人の救い主である阿弥陀仏となられたと説かれている。

経典が阿弥陀仏について語るときには、必ずこのように人間の思いをはるかに超える出来事として説かれている。それは、底知れぬ深い罪業《ざいごう》をかかえた私どもを完全に救い取ることができる法は、私どもの思いはからいを完全に超えて包むようなものでなければならないからである。阿弥陀仏の誓願が「不可思議」であるといわれるのは、救われる私どもの存在自体が不可思議であるということを同時に言い表わそうとしているのである。

その誓願は四十八種であったと説かれている。限りない願いを四十八種に要約されたものである。その一願一願は、「たとえわれ仏《ぶつ》を得《え》たらんに」という言葉で始まって、「もししからずは正覚《しょうがく》を取らじ」という言葉で結ばれている。たとえ私が真実に目覚めたもの（仏陀）になることができたとしても、ここに誓った事柄を実現できないようならば、私は「まことの仏陀」ではないといわれているのである。

したがって、ここに誓われた事柄は「まことの仏陀」とはどのようなものであるかということを具体的に示されたものであるといえよう。『大無量寿経』は、あらゆる仏陀に一貫している根源的な徳を阿弥陀如来の誓願として具体的に説き表わした経典なのである。

第十八願

四十八願にはさまざまな事柄の実現が誓われている。しかしその核心は、どのような愚かな者も漏らすことなく万人を平等に救うことのできるよう、南無阿弥陀仏という御名《みな》を信じさせ称《とな》えさせて浄土に往生させようと誓われた第十八願に帰していく。すなわち阿弥陀如来の本願は、開けば四十八願になるが、収めれば第十八願に帰するのである。それゆえ法然は、第十八願を「本願中の王」と呼び、それを選択本願《せんじゃくほんがん》と名づけられたのであった。第十八願は次のように説かれている。

たとひわれ仏《ぶつ》を得《え》たらんに、十方の衆生、至心《ししん》に信楽《しんぎょう》してわが国に生まれんと欲《おも》ひて、乃至《ないし》十念せんに、もし生まれずは、正覚《しょうがく》を取らじ。ただ五逆《ごぎゃく》と誹謗正法《ひほうしょうぼう》を除く。

「たとい私が仏陀になり得たとしても、十方世界のすべての衆生が、私の真実なる誓願を疑いなく信じ、わが国へ生まれようとおもうて、わずか十遍であっても私の名を称えているのに、もし生まれさせることができないようならば、私は仏陀にはなるまい。ただ五逆罪をつくり、仏法を誹謗しているような者は除く」というのである。

初めから「もし生まれずは、正覚を取らじ」までは、救い、すなわち摂取を誓われているから摂取門といい、五逆罪を犯し、正法を誹謗する者は除くといわれたものは、この二種の重罪を犯して恥じない者は往生できないと抑え止められているから抑止門《おくしもん》といわれている。それは五逆罪（父母を殺し、聖者を殺し、仏陀を傷つけ、僧団を分裂させる者）を犯し、正法を誹謗（仏法を否定）することが極重の罪であることを思い知らせて、回心《えしん》させ、本願を信受する者に転換させようとする巧みな教化を示したものである。

初めに「十方の衆生」といわれたのは、広く十方世界の生きとし生けるすべてのものに大悲の願いがかけられていることを知らせる言葉であって、如来の御心《みこころ》の無限の広がりを表わしている。

信心

「至心《ししん》に信楽《しんぎょう》せよ」といわれた言葉を親鸞は、「我が真実なる誓願を信楽すべし」と勧められた御《み》言葉であって、「如来の本願の救いに偽《いつわ》りのないことを疑いなく信ずることである」といわれていた。そして「わが国に生まれんと欲《おも》へ」とは、「他力の至心信楽の心をもって安楽浄土に生まれんとおもへとなり」といわれている。生きることの意味も、「いのち」の行方も知らずに迷い続けている愚かな私どもに向かって、生死《しょうじ》を超えたさとりの領域から「私の救いにうそ偽りはないから、疑いをまじえずに浄土に生まれることができると思いなさい」と大悲をこめて呼びかけられている言葉であるといわれるのである。

如来のこの招きの言葉を真実と受け入れ、「あなたの仰せに従って、浄土へ生まれる身であると思い定めさせていただきます」と疑いなく聞き受けていることを信心というのである。疑いをまじえずに本願を聞き受けるとき、如来の大悲・智慧の御言葉が私に届いて私の智慧となるから、何もわからない私が「往生は一定《いちじょう》」と浄土を期することができるようになる。これを信心が与えられたというのである。信心とは本願のとおり疑いなく思い定めることである。

称名

本願には続いて「乃至《ないし》十念（すなわち十念に至るまで）せよ」と誓い、名号を称《とな》えよと願われている。十念の念は、もともとは心に思う信心を意味する言葉であったが、南無阿弥陀仏という本願の名号を信ずる信心は必ず称名となって現われるから、十念とは、信心から現われ出た十遍の称名のことであるというように理解するのが、善導・法然の本願理解の特徴であった。親鸞も「十念というは、ただ口に十返をとなふべしとなり」といわれている。

「乃至」とは、念仏の数量を限定しないことを表わしているから、短命の者は、わずか一声で「いのち」が終わるかも知れないし、長命の者は幾万遍も称えることができるだろう。しかし本願の念仏は一声一声、如来の徳のすべてが現われている無上功徳の行であって、数の多少が問題になるような有限な行ではなかった。煩悩にまみれた人生を、さとりへの道と転換する法として如来が大悲をこめて選び取り、「わが名を称えよ」と願いをこめて与えられた念仏であるから、本願を信ずる者は念仏せずにおれないのである。言いかえれば念仏の申せる人生を歩むことが如来の願いにかなった生き方であり、念仏という道を与えたもうた如来の恩徳《おんどく》に応える生き方なのである。

摂取不捨

「もし生まれずは正覚《しょうがく》を取らじ」とは、本願を信じ念仏する者を、もし往生させることができないようならば、私は阿弥陀仏（正覚者）とはならないというのであるから、十方衆生の往生と仏の正覚とが一体不二に誓われていることを表わしている。これを往生正覚一体の道理といい、本願の救いの確かさを証明する言葉である。したがって阿弥陀仏という名号は、単なる仏名ではなくて、本願を信ずる者を即座に往生すべき身にならせるという、救済の道理を知らせる名のりであることを表わしている。

そのことを『観無量寿経』の真身観には、念仏の衆生は摂取不捨の利益にあずかると説かれていた。阿弥陀仏は大悲智慧の光明を放ってあまねく十方の世界を照らし、「念仏の衆生を摂《おさ》め取って捨てたまはず」といわれているのがそれである。法然は、この経文の心を、

月かげのいたらぬさとはなけれども
　ながむる人のこころにぞすむ

と詠われた。さわやかな秋の月は、その光をすべての人に分けへだてなく注いでいるが、光を背にしている者は、光の中にありながら光に遇《あ》うことができないばかりか、わが身の黒い影におびえるばかりである。しかし影を背にして月を仰ぐ人は、影を持ったままで月の光を全身にあびて、心の底まで、澄みわたっていく。大悲智慧の光明は、万人を平等に照らしているが、その教えを疑いなく聞き受けて、われもまた光の内にありと念仏する者のみが、光に包まれた人生を送ることができるというのである。

平等の救い

老少・善悪の人を選ばれず、
ただ信心を要とす

原文

弥陀の本願には、老少・善悪のひとをえらばれず、ただ信心を要とすとしるべし。そのゆゑは、罪悪深重《ざいあくじんじゅう》・煩悩《ぼんのう》熾盛《しじょう》の衆生をたすけんがための願にまします。

（第一条、聖典・八三一頁）

現代語訳

阿弥陀仏の本願の前では、老人であれ若者であれ、善人であれ悪人であれ、全く分けへだてはない。ただその本願の御言葉を、はからいなく受け入れる信心が肝要であると知るべきである。それは、深く重い罪をひきずり、愛憎の煩悩を燃やしながら生きる悲しい人々を救って、煩悩のきずなから解放してやろうと願い立たれた大悲の本願だからである。

解説

平等の大悲

ここには、阿弥陀仏の救いの特色である万人平等の救いと、老若、善悪の差異を超えた平等の世界に目覚めていくには何よりも信心が肝要であるということが端的に示されている。阿弥陀仏の大悲の前には、年老いた者も、若者も、善き人も、悪しき人も分けへだてはない。まるで大空が大きいものも小さいものもすべてを包むように、大地が重いものも軽いものも、きれいなものも汚いものも少しのへだてもなく乗せているように、阿弥陀仏の本願の大悲は、万人を分けへだてなく包んで、一人一人の「いのち」をかけがえのない大切なものとして認め、安住の場を与えていくというのである。

そして阿弥陀仏は、私どもが、自分の都合を中心にして愛するものと憎むものとを描き出し、愛欲と憎悪に彩られた生活を営んでいることの偽りと空しさを思い知らせ、愛憎を超えた清らかな「いのち」の輝く浄土を求めよと念じたもうているのである。信心とは、そのような如来の御心を聞き、われも人もかけがえのない大切な如来の御子として如来に大悲せられ、念じられていることの尊さに気づかされた心である。

善いときも悪いときも

ところで「老少・善悪のひとをえらばれず」というと、ともすれば、「あの老人も、この若者も、あの悪い人も、この善い人も同じように救われるというのか」と受け取られやすい。しかしそういっている人自身は、無意識のうちに老少・善悪を判定する判定者の位置にいて、自身は老でも少でも、善でも悪でもないところに立って発言している。したがって自身は阿弥陀仏の救いの場から見事にはみだしてしまっている。

たしかに老少・善悪を選ばないということは、万人を分けへだてなく救うという如来の大悲の普遍性と平等性を表わしているが、それは実は私一人の救いを確証するための御言葉であるということを見落としてはならない。言いかえれば「老少・善悪をえらばない」ということは、若いときの私も、年老いたときの私も、善い心の起きているときの私も、悪心を燃やしているときの私も、分けへだてなく包み、救いたまう仏心を表わしているのである。老少・善悪というような人間存在の表層を超えて、無限に深い「いのち」そのものを見すえて「汝を救う」と仰せられていることに気づかねばならない。

若いときは救われても、年老いたならば見捨てられるようでは、老いの淋しさと悲しみをもてあますしかない。また老人にならねば救われないような宗教ならば、若いときの悩みを導くことができないではないか。若者と年寄りとは一人の人生の歴史なのである。「老少をえらばず」との仰せをたまわるから、如来の大悲は、私の老少を貫いて、全人生を支え、そのときどきの悲しみと惑《まど》いを導き、慰めたまうことがうなずけるのである。

罪悪深重《ざいあくじんじゅう》の凡夫《ぼんぶ》

善人・悪人といっても、実際には自分自身の上に善・悪さまざまな思いと行動が、ひるがえりながら続いているのが日常生活の実態である。この世に生きているかぎり、善ばかりで生きられるわけはない。また悪ばかりの人という者もいないはずである。善い縁に触れたならばすばらしいことを言ったり、行なったりする人が、悪縁に触れたならば、その全体を帳消しにしてしまうような悪行を犯してしまうのである。それが私どもの弱く悲しい現実なのである。現実にいるのは善人でもなければ悪人でもない。縁に触れたら何をしでかすか知れない弱く悲しい人間がいるのである。それゆえ如来は限りなく哀れみたまうのである。

仏法を聞いて感動し、涙を流すほどに喜ぶこともあるが、同じことを聞いても、何の感動も起こらないときもある。美しく立派な心境になっているときは救われるが、妄想にけがれた醜い心情のときには救われないといわれるならば、万華鏡のように変わっていく私どもに救いはないことになる。本願の救いの世界では、わが心が善くて救われるのではない。如来の本願力によって救われるのである。またわが心が悪いから救われないのではない。如来は罪悪深重の凡夫を障《さわ》りなく救うと仰せられているからである。それゆえ私どもは、わが身の善し悪しを小ざかしくはからわず、ただ如来の御はからいに身をうちまかせるならば、広々とした本願の世界が開けていく。そのことを「ただ信心を要とするべし」と仰せられたのである。

善もほしからず、悪も恐れなし

本願を信ぜんには、他の善も要にあらず……、悪をも恐るべからず

原文

しかれば本願を信ぜんには、他の善も要《よう》にあらず、念仏にまさるべき善なきゆゑに。悪をもおそるべからず、弥陀の本願を

現代語訳

罪深き凡夫の救いに大悲の焦点を合わせながら、老少・善悪をへだてなく迎え取ろうと願い立たれた阿弥陀仏は、その御名《み》にその徳のすべてをおさめて、万人にほどこし与えられている。それゆえ仏の本願を信じて念仏する者は、往生のために他の善を積む必要はな

さまたぐるほどの悪なきゆゑに。

（第一条、聖典・八三二頁）

い。如来よりたまわった本願の念仏にまさる善はないからである。また悪も恐れるべきではない。本願の救いを妨げるほどの悪はないからである。

解説

無上の功徳

「念仏にまさるべき善なきゆゑに」とは、本願の念仏の無上の徳を表わしている。南無阿弥陀仏という名号は、真如と呼ばれる如来のさとりの徳が言葉となって現われているのだから、海のような広大無辺の徳をそなえているというので、親鸞は「真如一実の功徳宝海なり」と讃えられた。そのような名号をいただいて称える者は、無上の功徳を身に宿されているのであるから、もはや他の善根功徳を必要としないといわれるのである。

「弥陀の本願をさまたぐるほどの悪なきゆゑに」とは、何ものにも妨げられることなく救う本願の働きの無碍《むげ》の徳を示されたものである。生きとし生けるすべてのものを包んで、一人ももらさず、いかなる罪障にも邪魔されず、まるで光が闇を破るように、障《さわ》りなく救いたまう如来であるから、天親《てんじん》（ヴァスバンドゥ・五世紀頃）は阿弥陀仏を「尽十方無碍光如来《じんじつぽうむげこうにょらい》」と讃えられた。この如来は十方世界のすべてのものの「いのち」に満ち満ちていて、何ものにも妨げられることなく障りなく救い取る、絶対の救済力をもつものであるという御名《みな》である。その御名を聞き、そこに告げられている本願力の障りなき救いを聞き開く者には、「悪をもおそるべからず、弥陀の本願をさまたぐるほどの悪なきゆゑに」という深い慶《よろこ》びが恵まれるのである。

絶対安住の地

こうして本願を信じ、念仏を申す者は、善悪という倫理的な価値観をもって、自他を批判していく倫理の領域を超えて、「善もほしからず、悪もおそれなし」といわれるような絶対無碍《むげ》の領域に心が開かれていく。それはしかし、人間の理知で捉えることのできる世界ではなくて、阿弥陀仏が大悲の智慧をもってみそなわす領域である。それゆえ如来の大悲の智慧に呼び覚まされた念仏者だけが、わが心の善し悪しに惑《まど》わされることなく、善いときも、悪いときも、暖かく見守りたまう如来の大悲のまなざしの中に、絶対の安住の地を見出すのである。そこでは、善に誇る傲慢な心は破られ、悪にひがむ卑屈な心も砕かれて、一人一人が、与えられた「いのち」のままに、おおらかに生きていく、安らかで豊かな精神の領域が広がっていくのである。

妙好人

鳥取県の山根という山村に源左《げんざ》という妙好人《みようこうにん》が住んでいた。その近くの用瀬《もちがせ》町の正覚寺《しようがくじ》の坊守《ぼうもり》は、熱心な聞法者であったが、どうしても如来のお救いが受け取れず、長いあいだ悩んでいた。そんなある日、源左が正覚寺へ参詣に来たので、さっそく坊守が、

「如来さまのお慈悲がわからず、後生《ごしよう》が苦になってなりません。どうしたら安心ができましょうか」

と自分の苦しい胸の内をうちあけた。すると源左は、

「奥さん、往生はいかがかと、後生に不審が起きたら、誰に相談するのでもない、なによりも第一に

親さまの前に出てみなんせ、親さまは、どれで悪い、とはおっしゃらんけえのう」

この一言が坊守の胸に響いた。

「おお、そうであったか。親さまは、どれで悪いというようなお方ではなかったのだのう。やれやれなあ、私は愚かな一人相撲をとっていたことがようわかりました。こんな愚かな私を助けて下さるとは、もったいないないかぎりですのう」

と、涙ながらに感謝する坊守の肩をたたいて源左は、

「奥さん、ながい辛抱でしたなあ、もうようござんすぜ」

といって、一緒に念仏しながら喜んだと伝えられている。

「どれで悪い、とはおっしゃらんけえのう」

という一言こそ、「悪をもおそるべからず、弥陀の本願をさまたぐるほどの悪なきゆゑに」という無碍の救いのいわれを、みごとに言いきっていたのである。

往生極楽の道

ひとえに往生極楽の道を
問い聞かんがためなり

原文

おのおの十余箇国《じゅうよかこく》のさかひをこえて、身命《しんみょう》をかへりみずして、たづねきたらしめたまふ御《おん》こころざし、ひとへに往生極楽のみちを問ひきかんがためなり。しかるに念仏よりほかに往生のみちをも存知し、また法文等《ほうもんとう》をもしりたるらんと、こころにくくおぼしめしておはしましてはんべらんは、おほきなるあやまりなり。もししからば、南都北嶺《なんとほくれい》にもゆゆしき学《がく》生《しょう》たちおほく座《おわ》せられて候《そうろ》ふなれば、かのひとにもあひたてまつりて、往生の要《よう》よくよくきかるべきなり。

（第二条、聖典・八三二頁）

現代語訳

十幾つもの国々を越え、いのちの危険もかえりみず私を訪ねて来られたあなた方の目的は、極楽に生まれてゆく道を問いただしたいという、ただその一事のためでした。

ところが、もしあなた方が、親鸞は念仏以外に往生の道を知っているのではないかとか、あるいは往生に関する特別の教説なども知っているのではないか、その真相を知りたいものだと思っておられるのでしたら、それは大きな誤解です。もしそういうことを聞きたいのならば、南都（奈良の興福寺などの諸大寺）や、北嶺（比叡山延暦寺）には、念仏以外の道や教義の研究をしている、すぐれた学僧たちがたくさんおいでになるから、その人々にでもお会いになって、往生についての肝要な教えを詳しくおたずねになるがよろしい。

解説

「いのち」をかけて

こんな言葉で始まる『歎異抄』第二条の法語には、ただならぬ雰囲気がただよっている。そこには、まず北関東から京都まで、幾日もかけて数百キロにのぼる危険な旅を続けて訪ねて来た幾人かの門弟たちの思いつめたまなざしが感じられる。彼らは、極楽に往生してゆくまことの道を問いただすために「いのち」をかけている求道者たちであった。そして彼らのひたむきな問いかけを、真っ向から受けとめて、何の飾り気もなく自らの心境を語る親鸞の言葉には、八十歳を越えた老いを感じさせない烈々たる気迫がみなぎっている。それは、聞く者も語る人も、ともに一つの真実に文字通り「いのち」をかけた人たちの魂の記録であった。

「十余箇国のさかひをこえて」とは、彼らが住んでいた北関東から京都までの道のりを表わしている。東海道筋を通って来たとすると、常陸《ひたち》・下総《しもうさ》・武蔵《むさし》・相模《さがみ》・伊豆・駿河《するが》・遠江《とおとうみ》・三河・尾張・美濃・近江・山城と十二ヵ国を経過することになる。他の道を通って来てもほぼ同じである。里数にすれば二百里近くもあったであろう。上京するのに二十日前後はかかったに違いない。長雨に降りこめられたり、病気や怪我でもすれば、もっとかかったであろう。その長旅がどんなに難儀なものだったか、今日では想像もできない。街道筋を、ときには群盗が横行することもあったし、食糧に窮することもあっただろう。長旅の疲れ・水あたり・流行病・風土病など、危険がいっぱいの旅だった。病のために、異国の道端に白骨をさらす旅人も決して珍しくはなかった。現に親鸞の門弟で上京の途中で病にかかり、ようやく京都へたどりついたが、聖人に看取られながら往生の素懐をとげた、下野《しもつけ》国（栃木県）高田の覚信のような例もある。「身命をかへりみずして」といわれたのは、決して誇張ではなかったのである。

こうした危険をおかしてまで彼らが聞きただそうとした「往生極楽の道」とは一体、何であるのかを問い直してみる必要がある。親鸞の妻・恵信《えしん》の記録によれば、親鸞が二十九歳のとき、初めて法然を訪ねて聞き開かれた「後世《ごせ》のたすかる道」は、「生死いずべき道」であったと記されている。言いかえれば「生死いずべき道」を「往生極楽の道」として教えていったのが浄土門の教説であった。法然や親鸞が、生涯をかけて突きとめてゆかれた「往生極楽の道」とは、生にまどい、死におびえ続ける愚かな凡夫に、心豊かに生き、心豊かに死を受容していけるような精神の領域を開く「生死を超える道」だったのである。

生死《しょうじ》いずべき道

愛欲と憎悪の煩悩に翻弄されながら、生涯をおし流されるように生きてきた私どもが、ふと立ち止まって、自分の生きていることの意味と、人生の行方に思いを致したとき、あるいはまた秘かにしのびよる死の影におびえて、いたたまれないような不安とわびしさに打ちひしがれるとき、一瞬にして人生は色あせてしまうであろう。愛憎にまみれた醜い一生であっても、私にとっては、ただ一度っきりのかけがえのない人生であるならば、空しい絶望の中で死んでゆくわけにはいかない。生きることの意味と死の意味を確認して、自信を持った人生、納得のいく死を迎えたいという思いを仏教では道心《どうしん》（菩提心《ぼだいしん》）という。生死を超えるまことの道を求める心である。

釈尊が『大無量寿経』の中に説かれた阿弥陀如来の本願とは、すべてのものに如来の大悲の誓願が宿されていることを知らせ、私どもに安らかに帰る永遠な「いのち」の故郷のあることを告げ知らせる如来の御言《み》葉であった。この本願の御言葉をはからいなく受け入れ、仰せに従って阿弥陀如来の御名を称《とな》える者は、自分が、如来からかけがえのない大切な如来子として念じられていることを知るであろう。そして死は、永遠な「いのち」の世界に迎えられていく往生の機縁であることに気づかされる。こうして、「極楽に生まれて往く道」として与えられた本願の念仏は、生と死に豊かなみのりを与え、限りない「いのち」の世界を開いてゆく「生死いずべき道」だったのである。だからこそ、道心の行者には「いのち」をかけて悔いのない道だったのである。

ただ念仏して

ただ念仏して弥陀にたすけられまいらすべしと、
信ずるほかに別の子細なきなり

原　文

親鸞におきては、ただ念仏して弥陀にたすけられまゐらすべしと、よきひとの仰せをかぶりて信ずるほかに別の子細なきなり。

現代語訳

親鸞は、ただ念仏して、阿弥陀如来にたすけていただこうと、よき人、法然聖人の仰せを受けて信じているだけで、ほかに特別のわけなど

（第二条、聖典・八三二頁）――はない。

解説

法然との出会い

これほど簡潔に、しかも明晰に自身の信心を言いきった言葉を私は知らない。それにしてもこの言葉は、師が弟子に教えるような語調ではない。往生の道を聞きただそうとして訪ねて来た関東の門弟たちに、自身の信心をあかしするかのような響きさえもっている。それはまた、浄土にいます恩師法然に申し上げる弟子親鸞の領解の言葉であったともいえよう。「ただ念仏して阿弥陀如来にたすけていただこうではないか」とすすめて下さった恩師の御言葉が、五十数年の歳月をへだてて、親鸞の耳の底に響き続けていたに違いない。

それは親鸞が二十九歳のときのことであった。二十年にわたる比叡山での厳しい学問と修行にもかかわらず、生と死についての迷いを超えることができなかった親鸞（範宴）は、思いあまって六角堂に参《さん》籠《ろう》し、聖徳太子の夢の告げに導かれて法然を訪ね、「生死いずべき道」を聞きただされたといわれている。愛と憎しみの葛藤の中で空しく「いのち」をすり減らし、死の何たるかもわからないままに、無念の思いだけを残して死を迎えることに耐えられなかったからである。かけがえのない人生を空しく終わってたまるかという思いに突き動かされるようにして法然に、生と死を一望の下に見通せるような道を聞きただそうとされたのであった。

法然の教え

親鸞の妻・恵信《えしん》の手紙によれば、親鸞が初めて法然に逢われたとき、法然は「阿弥陀如来は、善人であれ、悪人であれ、すべてのものを分けへだてなく救って、後生《ごしょう》は浄土に迎え取ろうと願い、念仏の一行《いちぎょう》を、浄土への道として選び定められている。私はこの身をその如来の本願にまかせて、念仏しているだけである」とお説きになったという。その教えに感動した親鸞は、さらに百日間の聞法の末、ついにその教えを受け入れ、本願を信じて念仏する身になられたのであった。親鸞はつねづねその心境を「私は法然聖人の往かれる所へ往かせていただく。それがたとえ地獄であったとしても決して後悔はしないとまで思い定めている」と仰せられていたというのである。それはまさに『歎異抄』第二条の言葉とぴったりと重なっていることがわかる。

法然によれば、念仏は人間が勝手に称えているというような恣意的な行ではなくて、阿弥陀如来が選び定められた本願の行である。愛憎の煩悩を燃やし、さまざまな罪を作りながらしか生きることのできない愚かな私ども凡夫を、阿弥陀如来は、一人も漏《も》らさず救おうと大悲をこめて願い立たれた。それゆえ、必ず落ちこぼれが出るような困難な自力の行を選び捨てて、善人も悪人も、賢者も愚者も分けへだてなく実践することができる易行《いぎょう》の念仏に、如来の徳のすべてをこめて完成し、「この名号を称えて、わが国（浄土）に生まれ来たれ」と私どもを招き呼んでいて下さっている。だからこの大悲の本願を受け入れて念仏することこそ、如来の御心にかなった道であり、生死の迷いを断ち切って、さとりの世界に生まれていく道であるというのが法然の念仏往生の信念だったのである。

ただ念仏

「ただ念仏して」といわれた「ただ」とは、漢字で書けば「唯」にあたる。唯は唯一ということで、自力の余行をまじえず、本願の念仏一行を専修することであった。法然のいわゆる専修念仏《せんじゅねんぶつ》を表わす言葉であった。さらに親鸞は『唯信鈔文意《ゆいしんしょうもんい》』（聖典・六九九頁）に「本願他力をたのみて自力を離れたる、これを唯信といふ」といわれたように、唯とは自力を離れて他力に帰することを表わす言葉としても用いられていた。小ざかしい人間のはからいを離れて、如来が自力の行を選び捨てられたごとく自力の行を振り捨て、如来が念仏の一行を万人の道として選び定め「お願いだから、わが名を称《とな》えてくれ」と仰せられた願いに従って、ひたすら念仏することを「ただ念仏する」というのである。

言いかえれば、心を静めて称えなければならないとか、身を浄めて称えなければならないとか、念仏の功徳を理解して称えなければならないとか、いつも如来や本願を思いながら称えなければならないなど一切考えずに、ひたすら念仏することである。また念仏したことを手柄にして、これで救って下さいと願ったり、念仏した功徳によって現世でさまざまな利益を受けたいと願ったりすることを一切ふり捨てて、ただ如来の願いであるから念仏し続けるのである。自分の願いを果たし遂げる手段として念仏することを自力の念仏といい、如来の願いに従って念仏することを他力の念仏というのであって、このように自力を捨てて他力に帰していることを「ただ念仏する」といわれたのであった。

念仏は、まことに浄土に生まるる種にてやはんべらん、また地獄におつべき業にてやはんべるらん、総じてもって存知せざるなり

愚にかえる

原　文

念仏は、まことに浄土に生まるるたねにてやはんべらん、また地獄におつべき業《ごう》にてやはんべるらん、総じてもつて存知《ぞんじ》せざるなり。たとひ法然聖人にすかされまゐらせて、念仏して地獄におちたりとも、さらに後悔すべからず候ふ。そのゆゑは、自余《じよ》の行《ぎよう》もはげみて仏《ぶつ》に成るべかりける身が、念仏を申して地獄にもおちて候《そうら》はばこそ、すかされたてまつりてといふ後悔も候はめ。いづれの行もおよびがたき身なれば、とても地獄は一定《いちじよう》すみかぞかし。

（第二条、聖典・八三二頁）

現代語訳

念仏が、本当に浄土に生まれる因（たね）であるのか、それとも地獄におちる業（因）であるのか、私はまったく知らない。仮に法然聖人にあざむかれて、念仏して地獄におちたとしても、しかし私は決して後悔はしない。それというのも、ほかの修行を励んだならば仏陀になれたはずの身が、念仏を申したばかりに地獄におちたとでもいうのならば、あざむかれた、という後悔もあろうが、いずれの修行にも耐えられない愚悪の身には、地獄こそ定まれる住み家である。

解説

存知せず

関東からはるばる訪ねて来た弟子たちは、親鸞に逢うなり、「法然の教えを真《ま》に受けて、念仏しているような者は極楽どころか地獄におちるに違いない、といいおどす人がいますが、念仏すれば本当に極楽へ往生できるのでしょうか」と問うたに違いない。それに対してまず、「親鸞は、ただ念仏して、阿弥陀如来にたすけていただこうと、よき人、法然聖人の仰せを受けて信じているだけで、ほかに特別のわけなどはない」と、まず自身の信心を述べたうえで、さらに「念仏が、本当に浄土に生まれる因（たね）であるのか、それとも地獄におちる業（因）であるのか、私は全く知らない」といわれたのであった。この言葉にとまどう人がいるかも知れない。

しかしそこにこそ、親鸞の信心のすべてがさらけ出されていたのである。「何が浄土に生まれる種であるかを確かめる能力も知力もない愚かな私のために、如来は念仏を浄土への道として選び取り、選び定めて与えて下さっているのだと法然聖人は教えて下さった。それを聞いて私は、私のような愚か者を救おうと願い立たれた如来がいましたのかと感動し、慈愛に満ちた如来の御言葉に身をゆだね、ただ念仏しているばかりである」といわれているのである。親鸞のこの言葉を一貫しているのは、真実のことは何も知らない愚かな私であるということと、その何もわからない己れをそっくりそのまま如来にまかせきっている信心であった。そこには自己への信頼感などは、かけらほどもない。ただ、如来の仰せに従って、自分の生きることの意味と方向をしっかかと見定めている、ひたむきなまなざしだけが光っているのである。

「念仏はまことに浄土に生まれるたねである」というのが、『大無量寿経』に始まり、法然に至るまでの、二千年にわたる仏祖の教説であった。そして、この仏祖の御言葉こそ、一点の虚偽もまじわらない真実であると信じきっておられるのが親鸞だった。虚偽は人間の側にある、その小ざかしいはからいを捨てて、ただ真実なる仏語に信順して、わが身の往生を一定と思い定めよ、とつねづね親鸞は仰せられていたのである。

仏の座に着く危険性

それにもかかわらず、異端邪説にまどわされて、歩むべき道を見失った関東の門弟たちは、「念仏すれば必ず浄土に生まれることができる、決して地獄におちることはない」という、確信にあふれた親鸞の証言を期待して訪ねて来たに違いない。しかし、その期待にひそむ危険性を誰よりも親鸞はよく知っておられたのである。人間に救いの証言を求めることは、如来のみが知ろしめし、また如来のみがなしたまう救済のわざを、人間の領域に引きおろすことになるのである。また人間の証言によって成立した信念は、人間の論難によってすぐにゆらいでしまうに違いない。それればかりではない、救いの証言を行なう人は、知らず知らずのうちに、自己を救済者の側に置く傲慢の罪をおかしていく。自らあるいは神の座に、あるいは仏の座に着いた人間が、やがて信者もろとも地獄に転落していくことは宗教の歴史がいやというほど見せていてくれるところであった。

愚者になりて

法然は、つねに「浄土宗の人は愚者になりて往生す」と仰せられていたと、親鸞も記されている。愚者とは、教法の是非を見極める能力もなく、善悪のけじめを知り通す判断力も持たず、まして生死《しょうじ》を超える道の真偽を見極めるような智力を持ち合わせていない、どうしようもない者ということである。親鸞は、つねに「善悪のふたつ、総じてもって存知せざるなり」といい、「是非しらず邪正《じゃしょう》もわかぬこのみなり」といって、自身を「愚禿《ぐとく》」と名乗っていかれたのであった。親鸞は、さらに言葉を継《つ》いで「たとえ法然聖人にだまされて、念仏したがために地獄におちたとしても、しかし私は決して後悔はしない」といい、「私は地獄を拒絶できるほど立派な人間ではない」と、ズバリ言いきられるのであった。いいようのないすごみさえ感じられる言葉である。

念仏の源流と伝統

法然の仰せまことならば、親鸞が申すむね、またもってむなしかるべからず候うか

原文

弥陀の本願まことにおはしまさば、釈尊の説教虚言《きょごん》なるべからず。仏説まことにおはしまさば、善導の御《おん》

現代語訳

念仏を往生の道と選び定めたもうた、弥陀の本願がまことであらせられるならば、その本願を伝えるためにこの世に出現された、釈尊の説教がいつわりであるはずがない。釈尊の説教が

釈《しゃく》虚言《きょごん》したまふべからず。善導の御釈まことならば、法然の仰せそらごとならんや。法然の仰せまことならば、親鸞が申すむね、またもつてむなしかるべからず候ふか。詮《せん》ずるところ、愚身《ぐしん》の信心におきてはかくのごとし。このうへは、念仏をとりて信じたてまつらんとも、またすてんとも、面々の御はからひなりと云々《うんぬん》。（第二条、聖典・八三三頁）

まことであらせられるならば、その仏説に随順して本願念仏の心を表わされた、善導の御釈にうそのあるはずがない。善導の御釈がまことであるならば、ひとえに善導の教えに準拠して説き示された法然の仰せに、どうしてうそいつわりがあろう。法然の仰せがまことであるならば、その教えのままを信じているこの親鸞の申すこともあながちにいたずらごとではあるまい。

　要するに私の信心は、この通りである。このうえは、念仏の教えを受け入れて信じなさるか、それとも縁なき道としてお捨てになるかは、あなた方一人一人のお心のままになさるがよい。

解説

七人の高僧

浄土真宗には、釈尊以来脈々と伝えられた教えの伝承がある。それを親鸞は七人の高僧による伝承として見出していかれたのであった。もっとも親鸞が浄土真宗の伝統を語られるとき、「正信偈《しょうしんげ》」や『高僧和讃』のように、インドに出られた龍樹《りゅうじゅ》（一五〇—二五〇頃）、天親《てんじん》（四〇〇—四八〇頃）、中国に出現された曇鸞《どんらん》（四七六—五四二）、道綽《どうしゃく》（五六二—六四五）、善導（六一三―六八一）、日本の源信（九四二―一〇一七）、法然（一一三三―一二一二）という、七人の高僧をすべて列挙されるときもあれば、善導・法然の二師だけを挙げられることもあり、法然だけを挙げられることもある。今ここでは釈迦・弥陀の二尊と、善導・法然の二師を挙げて、念仏の源流と伝統を示されている。

弥陀と釈迦

初めに、「弥陀の本願」と「釈尊の説教」とを挙げられたのは、阿弥陀仏の本願の救いといっても、釈尊の説教によって初めて私どもに伝達されるからである。ことに「弥陀の本願」を先に出されたのは、「釈尊の教説」も、阿弥陀仏の本願海を源流として、そこから流れ出てきたものであることを明らかにされたものである。『大無量寿経』によれば、阿弥陀仏は四十八願の中の第十七願に、十方の世界のあらゆる衆生にその救いを知らせるために、十方の世界にまします仏陀たちに南無阿弥陀仏という御名のいわれ（本願の心）を讃嘆させようと誓われていた。あらゆる仏陀たちは、この誓いにうながされて、阿弥陀仏の本願（第十八願）の救いのまことをほめ讃え、本願を信じて念仏すべきことを人々に勧められているが、釈尊もその一仏であると説かれていた。

善導と法然

次に、「善導の御釈」と「法然の仰せ」という二師の伝統を挙げられたのは、「ただ念仏して弥陀にたすけられまいらすべし」という、専修念仏《せんじゅねんぶつ》の伝承を示すためであった。善導は、釈尊の御教えに従って、称名は阿弥陀仏が第十八願において往生の行として誓われた行であるから、正定業《しょうじょうごう》（正しく往生の定まる行）であって、善人であれ悪人であれ、この本願を信じて念仏すれば、必ずお救いにあずかると教えられた方であった。

法然はその教えに従って、阿弥陀仏は、私のような愚かな者を救うために、自力の難行《なんぎょう》を選び捨てて、他力易行《たりきいぎょう》の念仏に如来の徳のすべてをこめて選びとり、念仏の一行を救いの道として選び定めて下さったと領解して、それを選択本願の念仏といい、「如来の本願にまかせてただ念仏せよ」と勧められたのであった。

こうして専修念仏の教法は、阿弥陀仏の本願海から流れ出て、釈尊の教説となって煩悩業苦《ごうく》の大地をうるおし、善導の御釈となって中国の民衆を救い、さらに法然によってわが国にもたらされた真実の仏法であって、私もその清流を汲ませていただいているというのが親鸞の信念だったのである。

一人一人の決断

しかし、このことをいうのに「まことにおはしまさば」という仮定の言葉をつらねておられることに、奇異な感じをうける。そこには、反語的に意味を強めるような響きも感じられもするが、何よりも「親鸞が申すむね、またもつてむなしかるべからず候ふか」という謙虚な領解の言葉を述べるための布石であったというべきであろう。

真実の教法の伝統を語るとき、私どもは「仏祖の仰せまことなるがゆえに、私のいっていることも決していつわりではない」と断言し、「あなた方も念仏をとりて信じたてまつるべし」と説教することが多いのではなかろうか。また法を聞く人も無意識のうちにそのような断言を求めている。しかしそこには教法の権威を借りて、門弟に信を強制する高圧的な「師匠」の姿はあっても、「親鸞は弟子一人ももたず候ふ」といい続けられた親鸞の面影はない。

親鸞は「法」の名によって「私」を主張することを厳しく自戒されていた。自分が信じている教法が貴いからといって決して自分が貴いわけではない。むしろ、法の貴さがわかればわかるほど、自身の愚かさを思い知らされるはずである。仏祖の名を利用して、名利《みようり》をむさぼったり、「よき師」の名を借りて、自己を権威づけようとすることほど醜《みにく》いものはない。

こうして親鸞は「愚身の信心におきてはかくのごとし」といい、「このうへは、念仏をとりて信じたてまつらんとも、またすてんとも、面々の御はからひなり」といいきっていかれた。一人一人が如来の前に立って、本願を信じたてまつるか、それとも訣別するかの決断をすべきである。そのとき初めて人間を超えた、人のまどわしを受けない法の世界が見えてくるといわれるのである。

悪人正機

善人なおもって往生をとぐ、いわんや悪人をや

原文

善人なほもつて往生をとぐ、いはんや悪人をや。しかるを世のひとつねにいはく、悪人

現代語訳

善人ですら往生をとげるのである。まして悪人が往生をとげられないことがあろうか。しかるに世間の人

なほ往生す、いかにいはんや善人をや。この条、一旦そのいはれあるに似たれども、本願他力の意趣にそむけり。

（第三条、聖典・八三三頁）

はつねに、悪人すら往生するのだから、まして善人が往生しないことがあろうか、といっている。この考え方は、一応もっともなようであるが、阿弥陀仏の本願他力の救いの心には背いている。

解説

善人正機《しょうき》

この『歎異抄』第三条は、悪人《あくにん》正機《しょうき》を説く法語として有名である。それにしても「善人なほもつて往生をとぐ、いはんや悪人をや」という言葉は、善と悪とを厳しく判別することによって保たれている社会の秩序の基盤をゆるがすばかりでなく、悪を廃して善を修めることを基本的な信条としてきた仏道修行の枠組みを破るような響きをもつ過激な発言でもあった。事実ここには「悪人なほ往生す、いかにいはんや善人をや」と説くことによって社会の中でも、また仏道の中でも存続を許されてきた従来の浄土教の考え方を挙げてそれを批判し、「この条、一旦そのいはれあるに似たれども、本願他力の意趣にそむけり」と言いきられていた。

悪行を慎み、善根を積んで汚れた心を浄化して、如来に評価されるような立派な人間になってこそ、清らかなさとりの領域である浄土に迎えられるのだと考えていた人々にとって、「善人なほもつて往生をとぐ、いはんや悪人をや」という言葉は挑戦的とさえ思えたであろう。

しかし『歎異抄』は「悪人なほ往生す、いかにいはんや善人をや」という従来の善人正機の考え方を厳しく批判して、「そのわけは、自力で行なった善行をたのんで往生しようとしている善人は、ひとすじに阿弥陀仏の本願他力をたのむ信心が欠けているから、阿弥陀仏の本願にかなっていない。けれども、そういう人も、わが身の善をたのむ自力心を改めて、阿弥陀仏の本願他力をたのむならば、如来のさとりの境界である真実報土に往生をとげることができる」といわれていた。

善人正機を批判

自分が積み重ねた善行をたのみにして往生しようとしている自称善人には、わが身をたのむ傲慢がある。彼らには、自分が煩悩を具足した凡夫であって、さとりの世界に至る手がかりさえもない者であると気づいていないから、ひとすじに阿弥陀仏の本願他力をたのみ、すべてを阿弥陀仏におまかせするという信心がない。煩悩にまみれた人間の善を役立てて、浄土に往生しようと考えていることは、浄土を人間の世界の延長線上に見ていることであって、煩悩を完全に消滅させた、涅槃の浄土に往生させようと願い立たれた阿弥陀仏の本願の心に背いているといわねばならない。もっとも、そういう人も、わが身の善が、往生のためには何の役にも立たないことに気づき、わが身をたのむ自力心をひるがえし捨てて、阿弥陀仏の本願他力をたのむように心を転換させるならば、如来のさとりの境界である真実報土に往生することができるといわれるのである。

悪人

こうして親鸞は、悪人こそ如来の大悲の本願の正しき対象であったことを述べて、「煩悩を具足している私どもは、どのような修行をしてみても、生死《しょうじ》の迷いから離れることができないことを憐れみたもうて、救おうと願い立たれたのが阿弥陀仏であった。その本願のご本意は、悪人を完全な仏陀にならせるためであるから、本願をたのみ、他力にまかせきっている悪人こそ、第一に往生すべきものである。それゆえ、善人でさえも往生をさせていただくのだもの、まして悪人はなおさらのことである」といわれている。

私どもは、いつも自分の都合を標準にして考え行動し、自分に役立つものは際限もなく取り込もうとし、都合の悪いものは徹底して排除しようとして、日夜愛欲と憎悪の想いを燃やしながら生きている。人の幸せはねたみ、人の不幸を快く思うようなねじけた想念を懐いているものである。このような凡夫が、すべてを捨てきって、執着を絶ち、一切衆生の救済を目指す菩薩の修行などできるわけがない。たとえそれらしいことを始めてみても所詮はうわべだけを飾る偽善でしかなく、それによって愛憎を超え、生死の迷いを離れた安らかなさとりの境地に至ることは不可能である。

悪人正機

『大無量寿経』によれば、阿弥陀如来は、そのような愚かな私どもの危険極まりないありさまを見抜いて、深い憐れみの心を起こし、愛欲と憎悪の煩悩の泥沼から私どもを救い上げようと願い立たれたと説かれている。その本願の本意は、煩悩具足の悪人を導いて、自らの悪に気づかせ、本願を信じて念仏する者に育て上げ、浄土に迎えとって完全な仏陀にならせることにあった。それゆえ、わが身の悪行を慚愧《ざんき》しつつ本願他力をたのんで念仏するようになった悪人こそ、第一に往生すべきものである。そのことを、「善人でさえも往生をさせていただくのだもの、まして悪人はなおさらのことである」といわれているのである。

このように、阿弥陀仏の大悲の本意が聖者よりも凡夫に、善人よりも悪人の救済を第一に目指されているという教説を悪人正機（悪人を救済の正しき対象とする）・善人傍機《ぜんにんぼうき》（聖者や善人の救済は付随的なものである）というのである。そしてそれはいつも「善人なほもつて往生をとぐ、いはんや悪人をや」というような言葉で端的に表わされていた。

法然からの口伝

ところでこのような悪人正機を表わす言葉は、初めは文献を通さずに法然から親鸞へ、そして直弟子の唯円《ゆいえん》へと口伝《くでん》（くちづたえ）されたものであった。それは、浄土真宗の教えがまだ一般化していない時期には、このような厳しい法語は誤解を受ける危険性が多分にあったから、正確に理解できる弟子にだけ口伝として伝えられたのであった。覚如《かくにょ》の『口伝鈔』にも「本願寺の聖人（親鸞）、黒谷の先徳（源空）より御相承《ごそうじょう》とて、如信上人、仰せられていはく」といって、同じ悪人正機のご法語が、法然・親鸞・如信（親鸞の孫で、覚如の師）・覚如と口伝されてきたとして記録されていた。

それが法然のご法語であったということは、醍醐本『法然上人伝記』の「三心料簡および御法語」の最後に、「善人なほもつて往生す、いはんや悪人をやの事」という言葉が漢文で記されていることでわかる。そこにも「口伝これあり」という細註がほどこされている。そしてこの言葉を法然から授けられた勢観房源智のものかと思われる解説が付けられている。これは悪人正機説が、もとは法然から出たという『口伝鈔』の伝承を裏づけるものといえよう。

二つの救済観

悪人正機ということを考えるうえで考えておかねばならないことがある。それは同じ浄土教であってもその救済観に二種類があったということである。その一つは『観《かん》経《ぎょう》』の九品段《くほんだん》に説かれているような論功行賞的な救済観である。すなわちその人の行ないの善悪によって浄土願生者《がんしょうしゃ》を上品上生《じょうぼんじょうしょう》から下品下生《げぼんげしょう》まで九種類に分け、生前の行ないの優劣に応じて臨終の来迎にも、浄土に往生してからの果報にも優劣があるというような救済観である。それは明らかに善悪業報《ごっぽう》の因果に従って、自らの善悪の行為の結果である苦楽は、自らが受けねばならないという自業自得の論理と、悪行を止めて、善行を修めることによってさとりに近づいていく廃悪修善《はいあくしゅぜん》（悪を廃して善を修す）という自力聖道門《じりきしょうどうもん》の実践論によって阿弥陀仏の救済を理解していったものであった。

親鸞はそのような救済観は方便の法義であって、阿弥陀仏の心にかなった真実の救済観ではないと批判し、大悲の必然としての救済観を確立されたのであった。たとえば親鸞は『涅槃経《ねはんぎょう》』梵行品《ぼんぎょうぼん》に、父殺しの極悪の罪業をかかえて苦しむ阿闍世《あじゃせ》が救われたことを説く経文に、異常なほどの深い関心を寄せ長文を引用されているが、そこに述べられている次のような救済論であった。

たとへば一人《いちにん》にして七子《しちし》あらん。この七子のなかに一子病《やまい》に遇《あ》へば、父母の心平等ならざるにあらざれども、しかるに病子《びょうし》において心すなはちひとへに重きがごとし。大王、如来もまたしかなり。もろもろの衆生において平等ならざるにあらざれども、しかるに罪者において心すなはちひとへに重し。　（信文類、聖典・二七九頁）

それは釈尊が、如来の大悲を表わす月愛三昧《がっあいざんまい》という禅定《ぜんじょう》に入って、大悲の光を放って阿闍世を導かれる心を耆婆《ぎば》が説明している中の一節である。ここには通常の廃悪修善とか勧善懲悪という倫理的な考え方と違った救済観のあることが示されている。すなわち自業自得という因果観も、廃悪修善という実践論も、仏教徒の倫理の法則としては認めながらも、浄土教の本義としては、それを超えて善悪平等の救いを説き、さらにそれを強調すれば必然的に悪人正機となるような救済観であった。

大悲の必然

阿弥陀仏の救いは、大悲の必然として与えられるものである。それゆえ本願の救いは、しばしば重病人に最善の薬を与え、力の限りを尽くして治療する医師の医療行為や、病に苦しむわが子によりそって、献身的な介護を行なう母の慈愛にたとえられてきた。母が病子の看病をするのは、その子が母のために尽くしてくれた善行に対する褒賞としてなしているのではない。わが子と一体にとけあっている母の愛情は、子が病んでいるというただそれだけで、身も心もささげて看病せずにおれないのである。ちょうどそのように、阿弥陀如来の本願の救いは、如来の子である私どもが真実に気づかず、煩悩に狂わされて苦悩しているという、ただそれだけで、如来よりたまわる一方的な慈悲のたまものであった。阿弥陀仏の大悲の必然としてたまわる救済は、如来に対して、あるいは社会に対して功績があったから救うというような論功行賞としての救いではなかったのである。

選択の願心

そのような救済論を説かれた最初の人は法然であった。法然の『選択本願念仏集』には、念仏を選択された法蔵菩薩《ほうぞうぼさつ》の願心を次のように説明されている。もし寺塔を建てたり、仏教を学んで智慧を磨いたり、戒律をたもてるような善人を救いの対象として往生の行を選定するならば、ほんのわずかな智者、善人、富者は救われようが、大多数の貧困な者、愚鈍の者、破戒の者を絶望させることになる。それゆえ平等の大悲に促されて、善人も悪人も分けへだてなく救おうと願い立たれた法蔵菩薩（阿弥陀仏）は、愚悪な者を標準として行を選定し、易行《いぎょう》であってしかも最勝の行である念仏を選択されたといわれていた。

すなわち平等の大悲は、善人よりも悪人に、賢者よりも愚者に、富者よりも貧者に焦点を合わせて救いを具体化していくというのである。もともと慈悲の悲とは、他のものの痛みをわがこととして、ともに痛み、その苦痛を取り除こうとする心であり、慈とは、他のものの幸せを純粋に願っていく心であった。それゆえ相手の痛みが激しければ激しいほど、その苦を取り除き、真実の安らぎを与えようと深く強く働きかけていくのが慈悲の心の必然であった。

慚愧と感謝

法然や親鸞が「善人なほもつて往生をとぐ、いはんや悪人をや」といわれたものは、善を行じて、安らかな人生を生きる者よりも、悪を行じて、その罪に泣く悲しき者にこそ、如来の大悲の心は強く深くそそがれているという、大悲の心が結ぶ焦点を的示された教説であった。それゆえ、それを聞き受けた者の心境は、『歎異抄』の後序の「されば、それほどの業《ごう》をもちける身にてありけるを、たすけんとおぼしめしたちける本願のかたじけなさよ」という述懐の言葉のほかにはない。如来の慈愛を罪業深重《ざいごうじんじゅう》のわが身一人の上に受けとめ、ひたすら自身の愚悪を慚愧《ざんぎ》しつつ、このような者を助けると仰せ下さる本願のもったいなさを感謝する心情のほかにないのである。

弟子一人も持たず

親鸞は弟子一人ももたず候う

原文

親鸞は弟子一人ももたず候《そうろ》ふ。そのゆゑは、わがはからひにて、ひとに念仏を申させ候はばこそ、弟子にても候はめ。弥陀の御《おん》もよほしにあづかつて念仏申し候ふひとを、わが弟子と申すこと、きはめたる荒涼のことなり。

（第六条、聖典・八三五頁）

現代語訳

親鸞は弟子は一人も持っていません。それというのも、私のはからいによって人に念仏を申させているのであれば、その人をわが弟子ともいえましょうが、阿弥陀仏の御はからいによって念仏を申しておられる人を、私の弟子であるということは、この上もなくぶしつけなことです。

解説

同朋・同行

覚如《かくにょ》の『口伝鈔《くでんしょう》』（聖典・八七三頁）によれば、親鸞は「人師《にんし》・戒師停止《ちょうじ》すべきよし、聖人の御前《ごぜん》にして誓言発願《せいごんほつがん》」されたといわれている。人の師となって法門の伝授を行なったり、人びとに戒律を授けて導く戒師となったりせず、ただひたすら仏法を聴聞し続けますと法然の前で誓われたというのである。それは生涯、弟子の座にあって決して師の位置につかないと、自身の身のありかたをきっぱりと規定して生きた人だったということである。

すでに述べたように、親鸞は四十二歳で関東へ移住し、性信《しょうしん》や真仏《しんぶつ》をはじめ多くの念仏の聖《ひじり》たちに本願念仏の教えを説き、少なくとも八十人以上の門弟を育て、多くの在家の信者たちとも仏縁を結んでいかれたのであった。その門弟たちは、親鸞を心から慕い、常随の弟子であった蓮位《れんに》などは、夢で見た通り親鸞を阿弥陀如来の化身であると信じて疑わなかったほどであった。『歎異抄』の著者の唯円《ゆいえん》も、親鸞を無上の師と敬慕し、その御《み》言葉を光と仰いで生きていった人だった。

しかし親鸞は、彼らを門弟としてではなく同朋《どうぼう》・同行《どうぎょう》として対応されていた。それは第一には、自分はどこまでも法然の弟子であって、その教えを取り次ぐだけのものであるから、門弟たちとは法然門下の兄弟弟子であるという思いを持っておられたわけである。だからたとえば、八十四歳から八十五歳にかけて法然の法語や御消息を集めた『西方指南抄《さいほうしなんしょう》』六巻を編纂して門弟に与えたり、八十七歳の高齢になってなお法然の主著の『選択本願念仏集』の延べ書を書写して与えたり、あるいは法然門下の大先輩であった聖覚《せいかく》や隆寛の著書を写し、これらは法然の教えを正しく伝えているからよく読むようにと推賞されているのは、そのゆえである。ことに晩年の聖教《しょうぎょう》や手紙には、しばしば法然の法話を引用して、専修《せんじゅ》念仏の心を解説されていた。

真の仏弟子

第二には、さらに根源的には念仏者はすべて釈迦、諸仏の弟子であると考えられていた。「信文類《しんもんるい》」の真仏弟子釈に、「真の仏弟子といふは、(中略)弟子とは釈迦諸仏の弟子なり、金剛心の行人《ぎょうにん》なり」といわれている。これは善導が、釈尊の経説に随順し、諸仏の教意に随順して、阿弥陀仏の本願に随順する者は、「真仏弟子」であるといわれた言葉を註釈されたものである。すなわち釈尊が、「本願を信じ、念仏を申さば、仏になる」といわれた御教えを信じて、阿弥陀仏の本願の救いに身をまかせて念仏する行者は、釈尊の本意にかなった人であるから、真実の仏弟子であるというのである。

第三に、念仏者は、根源的には阿弥陀仏の本願力に育てられて念仏者となっている阿弥陀仏の御子であり弟子であるということの確認があった。一切の衆生の一人一人をかけがえのない大切な「一子」とみそなわす平等の大悲に促されて、万人を平等に救うことのできる他力の念仏一行を往生の行と選び定め、私どもに回向《えこう》されたのが念仏である。釈尊も祖師方も、その本願に応えて念仏の道を説き示されたのであるから、根源的には私どもに念仏させているのは阿弥陀仏の本願力であって、まさに「弥陀の御もよほしにあづかつて念仏申し候ふひと」である。それを凡夫の善知識(先生)が、まるで自分の力で念仏者にしたかのように振る舞うことは、傲慢の至りであるというのである。

こうして念仏者とは、互いに如来の御子として兄弟であり同朋《どうぼう》であることに気づき、そこから互いに敬意をもって対応し、深い親愛の情をもって交際しようとするものである。それが浄土の旅をともにする同行《どうぎょう》の倫理である。こうして浄土真宗の念仏者とは、つねに聞法者、弟子の座にあって、仏恩、師恩を仰ぐものであり、決して自身を師の位置に上げて傲慢な振る舞いをすることなく、同行あい敬愛しながら浄土を目指して生きようとするものである。

末通りたる慈悲

念仏申すのみぞ、
末通りたる大慈悲心にて候う

原文

今生《こんじょう》に、いかにいとほし不便《ふびん》とおもふとも、存知《ぞんじ》のごとくたすけがたければ、この慈悲始終《しじゅう》なし。しかれば、念仏申すのみぞ、すゑとほりたる大慈悲心にて候ふべきと云々《うんぬん》。（第四条、聖典・八三四頁）

現代語訳

この世でどんなに気の毒だ、かわいそうだと思っても、思い通りに助けることはできないから、人々を救おうと願う私どもの自力の慈悲は中途半端なものでしかない。それゆえ、念仏を申して、すみやかに仏になって救うことこそ、本当に徹底した大慈悲心というべきであると仰せられた。

解説

痛みの共感

『観経《かんぎょう》』には「仏心とは大慈悲これなり。無縁の慈をもってもろもろの衆生を摂《せっ》す」と説かれている。生きとし生けるすべてのものを憐れみ、いつくしみ、楽を与えようとする（与楽《よらく》）心を大慈といい、苦しみを除いてあげようとする（抜苦《ばっく》）心を大悲といわれている。辞典によれば「慈の原語であるマイトリーは、ミトラ（友）から造られた抽象名詞で、本来は友情、友誼の意味であるが、一切の人びとに対する平等の友情のことであった。また悲の原語のカルナーは、痛む、悲しむであるが、その原意は〈呻《うめ》き〉ということであって、人生の苦に対する人間の呻きを意味していたという。そこから転じて自身の痛みを通して人の痛みを同感し、他の苦を癒《いや》さずにおれないという救済の思いとなって働く、それが悲である」といわれている。

ところで仏心とは、智慧と慈悲であるのに、あえて仏心とは大慈悲であると『観経』にいわれているところに、阿弥陀仏とは、衆生の苦悩を共感し、救済しようとする大悲の願心を本体としている如来であることを表わしていた。それゆえ善導は、仏道を学ぶということは「仏の大悲心を学ぶ」ことであるといわれたのであった。大悲心を学ぶということは、何よりも人の痛みのわかる人間になろうと努めることであろう。如来の大悲、すなわち痛みの共感ということをすべての価値の根源とし、それを思想と行動の原点にしていくものを菩薩と呼ぶのである。

人間の限界

しかし、私どもの現実は、他の人と本当に痛みを共有しきることもできず、人の心の痛みを癒していくこともできないという、自他をへだてる厚い壁にさえぎられている。そしてまた、どんなにいとおしく思い、たとえわが身に代えてでも幸せになってほしい人がいたとしても、指一本の支えもしてやれないこともある。人生には、腸の断ち切られるような思いをしながらも断念しなければならないことがあるのである。人間の愛の手の及ばぬ領域があるのだ。「今生《こんじょう》に、いかにいとほし不便《ふびん》とおもふとも、存知のごとくたすけがたければ、この慈悲始終なし」といわれたものは、まさにそのような人間の限界状況を語られた言葉であった。

親鸞には、晩年、関東の門弟集団の要請に応じて、彼らの指導に当たるようにと送りこんだわが子善《ぜん》鸞《らん》が、父に背《そむ》いて異義に走り、多くの門弟・同行をまどわしたとき、ついに善鸞を義絶することによって混乱した事態を収拾しなければならなくなったことがあった。わが子一人を救いきれなかった親鸞の悲しみは想像を絶するものがあった。文明版『三帖和讃《さんじょうわさん》』の最後に、次のような一首がある。

是非《ぜひ》しらず邪正《じゃしょう》もわかぬ
このみなり
小慈小悲《しょうじしょうひ》もなけれども
名利《みょうり》に人師《にんし》をこのむなり
（正像末和讃《しょうぞうまつわさん》、聖典・六二三頁）

関東と京都と、遠く離れた土地で行なわれていた善鸞と性信《しょうしん》たち門弟集団との争いの実態を正確に捉えることができず、邪正の見分けもつかないままに事態を紛糾させてしまったことへの自責の念を、「是非しらず、邪正もわかぬこのみなり」といい、親としてわが子一人を救うこともできなかった無力さを、「小慈小悲もなき身」と慚愧されたのであろう。小慈小悲とは、仏のように万人を救済する大慈大悲に対して、自分に縁の深い親子・夫婦・兄弟・師弟の中でのみ働く凡夫の慈悲のことである。自分にはその小慈小悲さえもないというのである。それなのに師匠と呼ばれて、いい気になっている。わが子を導き、門弟を教導する力量もないくせに人に仏法を教え、師匠のように振る舞っていることは名誉欲と物欲の固まりのようなものであるというので、「名利に人師をこのむなり」といわれるのである。この和讃を前にするとき、私はもはやいうべき言葉を失う。人間であることの深い悲しみに打たれるばかりである。

如来の大悲

そうした中で、心をひるがえして念仏すれば、人間の愛の悲しい断念を包み、支えたまう阿弥陀仏の大慈大悲の本願の世界に心が開かれる。人間の手の届かぬところにまで、如来の大悲の手は確実にさしのべられているのだと聞くとき、自分の力なさを悲しみながらも、希望と光がさしこんでくるのである。私を救いたもうた念仏は、私の手の届かないすべての人々を確実に救い続けられているのである。

さらにまた、念仏して浄土に往生するならば、すみやかに阿弥陀如来と同じさとりの身にならせていただく。そうなれば、今、阿弥陀如来が自在に衆生を救われているように、今生ではどうしてやることもできなかったものも、思いのままに救うことができるようになるのである。こうして念仏するところに希望の光がもたらされる。そこに「念仏申すのみぞ、するとほりたる大慈悲心にて候ふべき」という言葉のもつ意味があるのである。

その心を親鸞は、「悲歎述懐」に、

小慈小悲もなき身にて
有情利益《うじょうりやく》はおもふまじ
如来の願船いまさずは
苦海《くかい》をいかでかわたるべき

（正像末和讃、聖典・六一七頁）

と述懐されたのであった。

踊躍歓喜の心

念仏申し候えども、
踊躍歓喜の心おろそかに候う

原文

念仏申し候へども、踊躍歓喜《ゆやくかんぎ》のこころおろそかに候ふこと、またいそぎ浄土へまゐりたきこころ

現代語訳

念仏を申していますが、喜びの心は薄く、天におどり地におどるほどの喜びが湧いてまいりませ

の候はぬは、いかにと候ふべきことにて候ふやらん。

（第九条、聖典・八三六頁）

――んし、また急いで浄土へ参りたいと思う心が起こってこないのはどういうわけでしょうか。

解説

唯円《ゆいえん》の問い

『歎異抄』第九条は、親鸞と唯円の対話をなまなましく伝えている。もともと『歎異抄』の前半の十条は、唯円なり、誰か他の門弟の問いに答えられた親鸞の法語を集録したものであったが、第九条以外はその問いが省略され、答えだけが記録されていた。それなのに、ここには唯円の問いが記されているということは、この問い自身が深い意味をもっていたからに違いない。

その問いというのは、念仏往生の教えの領解《りょうげ》をめぐる二つの問題についてであった。念仏してはいるけれども、踊躍《ゆやく》（おどり、はねる）するほどの法悦が沸きあがってこないということと、もう一つは一刻も早く浄土へ生まれたいという切実な願生《がんしょう》の思いが起こってこないという、教えと自身の現実との乖離《かいり》であった。このようなことで、はたして念仏往生のみ教えに生きる者といえるだろうかという深刻な問題意識が彼の心にわだかまっていたのである。しかしなぜ唯円は、こうしたことに不審をもったのかがわからなければ、親鸞の応答も正確には理解できないであろう。まずその問題意識から問うていくことにしよう。

念仏往生の本願を説かれた『大無量寿経』の終わりに、釈尊が、この経の法義を要約して、後継者である弥勒菩薩に委嘱《いしょく》される「付属流通分《ふぞくるずうぶん》」と呼ばれる一段がある。そこには「それかの仏の名号を聞くことを得て、歓喜踊躍《かんぎゆやく》して乃至《ないし》一念せんことあらん。まさに知るべし、この人は大利《だいり》を得《う》とす。すなはちこれ無上の功徳を具足するなり」（聖典・八一頁）と説かれていた。南無阿弥陀仏という御名を聞いて、私を救いたまう如来いますと信知し、天におどり地にはねるほどの喜びをもって、わずか一声までも御名を称える者は、この名号にこめられている阿弥陀仏の徳のすべてを身に宿され、必ず仏陀になれるというすばらしい利益を授けられる。それゆえ、たとえ三千大千世界に充満する火の中をくぐりぬけても聞かねばならない教法であると説かれていたのである。それゆえ親鸞も、その心を『浄土和讃』に、

喜ぶべき教法

たとひ大千世界に
みてらん火をもすぎゆきて
仏《ぶつ》の御名《みな》をきくひとは
ながく不退《ふたい》にかなふなり　（聖典・五六一頁）

と詠われていた。

燃えさかる猛火をくぐりぬけても聞かねばならない教法とは、それに遇《あ》えたならば、たとえそのために死んだとしても悔いがないというほどの事柄を表わしている。孔子も「朝に道を聞かば、夕に死すと

も可なり」といっている。本願の名号は、それを聞き得た者の生を充実させ、死をも超えて豊かな実りをもたらす真実の法であり、無上の功徳であった。それゆえ、この法に遇い得た者は、さまざまな悲しいこと、つらいことがあったにせよ、お念仏に遇わせていただいたこの身には、ありがたい一生であったと、合掌してすべてを受け入れ、超えていける境地が開けるのである。

それほどの価値をもった真実の法に遇わせていただいているのだから、念仏者には、天におどり地におどるほどの「歓喜」があってしかるべきである。それなのに現実の自分には、それほどの喜びが沸き起こってこないのはどうしたことなのだろう。

自身の現実

また浄土に生まれるということは、生死《しょうじ》の迷いを超えて、大空のような広々とした心の視野が開け、怨親《おんしん》平等（怨憎《おんぞう》と親愛を超えて、万人を平等に大切なものと見ていく心）のさとりが実現することを意味していた。浄土を願うものには、死すべきものとしての不安と悲しみがあり、愛憎に狂うわが身への痛みがある。それゆえに生死へのとらわれがなくなり、愛憎の想念が寂滅するといわれる浄土の実現を、一刻も早くと願い求める思いがあるはずである。それなのに現実の自分には、いそいで浄土へ生まれたいという心が起こってこない。

それは真剣に教えを聞き、教えの通りになろうとする人だけが感知する、教法と自身との間にひろがる不気味な間隙《かんげき》だった。こうした矛盾に満ちた心の内を正直にさらけだして師に問いただしていく唯円の姿には、一点のごまかしもわが身に許さない厳しさがあった。

喜ぶべき心をおさえて、喜ばざるは煩悩の所為なり。しかるに仏かねて知ろしめして、煩悩具足の凡夫と仰せられたることなれば

仏かねてしろしめして

原文

親鸞もこの不審ありつるに、唯円房《ゆいえんぼう》おなじこころにてありけり。よくよく案じみれば、天にをどり地にをどるほどによろこぶべきことを、よろこばぬにて、いよいよ往生は一《いち》定《じょう》とおもひたまふなり。よろこぶべきこころをおさへて、よろこばざるは煩悩の所為《しょい》なり。しかるに仏《ぶっ》かねてしろしめして、煩悩具足の凡夫と仰せられたることなれば、他力の悲願はかくのごとし、われらがためなりけりとしられて、いよいよたのもしくおぼゆるなり。

現代語訳

親鸞もそれをいぶかしく思っていたが、唯円房《ゆいえんぼう》、そなたも同じ心であったか。よくよく考えてみると、天におどり地におどるほど喜ばねばならないことを、そのように喜ばないわが身を思うにつけても、いよいよ往生は一定《いちじょう》の身であると思います。というのは、喜ぶべき尊いおみのりをいただいて、喜ぼうとする心をおさえとどめて喜ばないのは、煩悩のしわざです。

しかるに仏は、このような私であることをかねてからお見通しのうえで、煩悩具足の凡夫を救うと仰せられていることですから、他力の悲願は、このような私どものためであったと気づかされて、ますますたのも

（第九条、聖典・八三六頁）――しく思われます。

解説

親鸞も　唯円の問いに対する親鸞の解答の前半である。それは唯円《ゆいえん》にとって意外な答えだった。「親鸞もそれをいぶかしく思っていたが、唯円房、そなたも同じ心であったか」といわれたとき、そこには若い門弟の問いかけを他人事としてではなく、ご自身の問題として引き受けて、ともに考えていく求道者の姿があった。それは高い姿勢で弟子を導こうとする師の姿ではなかった。同じ煩悩の大地に立って、同じ煩悩の病にさいなまれている凡夫として、痛みを共感しながら救いを確かめあっていこうとする道の友の姿をはっきりと見てとることができる。「親鸞は弟子一人ももたず候ふ」といわれたのも、こうした姿勢から自然に出てきた言葉であった。

そして聖人は、「よくよく考えてみると、天におどり地におどるほど喜ばねばならないことを、そのように喜ばないわが身を思うにつけても、いよいよ往生は一定の身であると思う」といわれる。ここの文章は蓮如本では「イヨイヨ往生ハ一定オモヒタマフナリ」となっており、永正十三年本では「イヨイヨ往生一定トオモヒタマフヘシ」、永正十六年本は「イヨイヨ往生ハ一定トオモヒタマフヘキナリ」となっている。蓮如本の場合の「タマフ」は謙譲の意味を表わし、「往生は一定と思っております」ということになり、他の場合は「タマフ」は尊敬の意味を表わし、「往生は一定とお思いになるべきです」

ということになる。

他力の悲願

ともあれ喜ぶべき救いの道をめぐまれていながら、それをまともに喜ばないという、恩知らずな、浅ましいこの身こそ、まさしく救済のお目当てであったと領解し、そこに逆に救いの確かさを味わっていかれるのである。阿弥陀仏の大悲の本願を、煩悩の身を通して聞き開く信心の境地は、こうした逆説でしか表わすことができなかったのである。

本願の念仏という無上の徳をめぐまれていながら、それにふさわしい喜びが沸いてこないというのは、本気で救いを求めていないからだ、といわれれば一言も返す言葉はない。たしかに世俗の地位や名誉や利害損得には、鋭敏すぎるほど敏感に反応し、名利《みょうり》を得れば、文字通りおどりあがって喜び、名利がそこなわれたときは身も世もないほど悲嘆していくのが、自分の現実の姿である。どんなに高い地位も、名誉も、権力も、財産も、ひとたび死の前にさらされたならば、ひとたまりもなく色あせてしまう空しいものにすぎない。しかしそんな空しい名利のために、昼となく夜となく血相をかえて奔走し、愛欲と憎悪を燃やし続け、人を傷つけ、自らも傷つき、短い、ほんの束の間の人生を空しく過ごしてしまうのが人間だとすれば、まことに無残な存在であるといわねばならない。「煩悩具足の凡夫」とは、こうした悲しむべき存在である私どもに、大悲をこめて呼びかけられた仏語だったのである。

慈悲は煩悩の中に

「信は仏辺に仰ぎ、慈悲は罪悪の機の中に味わう」という言葉がある。信心は自分の心の中に探すものではない。「必ず救う」と仰せられる本願招喚の御言葉をはからいをまじえずに聞き受けていることを信心というのである。逆に如来の慈悲は、如来の側に求めるのではなく、わが身の煩悩罪障の中に味わう事柄である。ここに「煩悩具足の凡夫を救うと仰せられていることであるから、他力の悲願は、浅ましい私どものためであったと気づかされて、ますますたのもしく思われる」といわれたのは、まさにわが身の煩悩の中で、大悲の如来に遇《あ》われた言葉であった。如来はつねに私の煩悩の中にいますのである。それゆえ如来に出会う場所は、日々の煩悩の生活の真っ只中だったのである。

浄土は恋しからず

苦悩の旧里は捨てがたく、
いまだ生まれざる安養浄土は恋しからず候う

原文

また浄土へいそぎまゐりたきこころのなくて、いささか所労のこともあれば、死なんずるやらんとこころぼそくおぼゆることも、煩悩の所為《しょい》なり。久遠劫《くおんごう》よりいままで流転せる苦悩の旧里《きゅうり》はすてがたく、いまだ

現代語訳

また急いで浄土へ参りたいというような思いがなくて、ちょっとした病気でもすると、もしや死ぬのではなかろうかと心細く思うのも煩悩のしわざである。久遠《くおん》の昔から、今まで流転してきた迷いの古里は、苦悩に満ちているのに捨てにくく、まだ生まれたことのない浄土は、安

生れざる安養浄土《あんにょうじょうど》はこひしからず候ふこと、まことによくよく煩悩の興盛《こうじょう》に候ふにこそ。なごりをしくおもへども、娑婆の縁尽きて、ちからなくしてをはるときに、かの土《ど》へはまゐるべきなり。いそぎまゐりたきこころなきものを、ことにあはれみたまふなり。これにつけてこそ、いよいよ大悲大願はたのもしく、往生は決定《けつじょう》と存じ候へ。（第九条、聖典・八三七頁）

らかなさとりの境界であると聞かされていても、慕わしく思えないということは、よくよく煩悩のはげしい身であるといわねばならない。

名残りは果てしないが、娑婆にあるべき縁が尽きて、力無くこの世を終わるときに、かの浄土へは参らせていただこう。急いで参りたいという殊勝な心のない者を、仏はことに不憫に思われているのだ。それを思うにつけても、いよいよ大悲の本願はたのもしく慕われ、この度の往生は決定であると思いたまうべきである。

解説

後世者の言行

唯円《ゆいえん》が、「いそぎ浄土へまゐりたきこころの候はぬは、いかにと候ふべきことにて候ふやらん」と親鸞に尋ねたとき、彼の念頭には、そのころ常陸の真壁《まかべ》に住んでいた敬《きょう》仏《ぶつ》のような後世者《ごせしゃ》（俗世間を厭《いと》い離れて、ひたすら後生《ごしょう》浄土を願う世捨て人）たちが、「世俗を離れ、この世に未練を残さず、つねに死を見つめて、一刻も早く浄土へ生まれていこうと、わき目も振らずに念仏していくのが浄土を求める者の生き方である。それゆえ病気をすれば浄土が近づいたことを喜ぶべきである」と説いていたことが思いあわされていたに違いない。敬仏は、法然の門弟でもあるが、高野山の蓮華谷に隠遁していた明遍の弟子で、典型的な後世者として多くの人の尊敬を集めていた世捨て人の一人であった。おそらく後世者たちならば唯円に、「それはそなたが本当に穢土《えど》を厭う思いがなく、浄土を欣《ねが》う心がおろそかだからだ」と答えたに違いない。

凡情のままに

しかし親鸞の答えは違っていた。そこには煩悩のわが身の現実を見すえながら、その身のうえに大悲本願の御心を味わっていかれる親鸞の透徹した領解《りょうげ》が展開されている。

清らかなさとりの境界を慕い求める思いが浄土願生《がんしょう》の心であるならば、愛憎《あいぞう》の煩悩に狂う苦悩の人生を、一刻も早く離れて、浄土へと心が傾いていくのが道理であろう。念仏者でありながら住みなれたこの世に離れがたく執着し、いささかの病でもすれば、もしや死ぬのではあるまいかと心細く思い、浄土が近づいたと喜ぶような心境になれないというのは、まさに道理にそむいた妄念である。しかしそのような背理の妄念に閉ざされているのが凡夫の情そのものであった。

敬仏は、「道理を強く立てて」、背理の妄念をねじふせていくのが「道心」であるといっている。しかし親鸞は、自身のどうしようもない背理の妄念を悲しみつつも、凡情（凡夫のとらわれ心）のままを摂め取りたまう本願の大悲に身をゆだねるのが信心であると言いきっていかれるのであった。

たしかに敬仏たちがいうように、世俗の名利はくだらないものに違いない。しかし空しい名利にあこがれ、財をむさぼることを生きがいとしているのが世間の凡俗なのである。ただその生きがいが、凡情の描いた幻にすぎない証拠に、いのちがけで築きあげた名誉も財産も、それればかりか愛するものたちまでも確実にこの身から離れてしまうときが必ず来るのである。道心の篤《あつ》い後世者たちは、道理を強く立てて名利を思い捨てる「世捨て人」であるが、愚かな凡俗は、大事にしがみついてきた世俗の名利にも見捨てられ、引き離されて、未練を残しながら死を迎えねばならぬ「世捨てられ人」であった。すべてに見捨てられて空しい死を迎える愚かな凡俗を、限りなくあわれんで、見捨てることなく救おうと願いたまう大悲の御親を阿弥陀仏というのである。それゆえ「摂取して捨てたまはず。ゆゑに阿弥陀仏と名づけたてまつる」のである。その如来の御心を聖人は「いそぎまゐりたきこころなきものを、ことにあはれみたまふなり」といい、「これにつけてこそ、いよいよ大悲大願はたのもしく、往生は決定と存じ候へ」と断言されたのである。

いそぎ浄土へ参ろうと思う心も起こらない浅ましいわが身に気づくならば、その身を嘆くよりも、かかる身を捨てぬと仰せられる大悲の本願を仰ぎ、「わが往生は一定なり」と思いとるがよいと仰せられるのであった。

たまわりたる信心

善信房の信心も、如来よりたまわらせたまいたる信心なり

原文

源空《げんくう》が信心も、如来よりたまはりたる信心なり、善信房《ぜんしんぼう》の信心も、如来よりたまはらせたまひたる信心なり。されば、ただ一つなり。

（後序、聖典・八五二頁）

現代語訳

この源空（法然）の信心も、阿弥陀如来からたまわった信心である。善信房の信心も、如来よりたまわられた信心です。それゆえ、往生の信心は、全く同じである。

解説

信心一異の諍論

『歎異抄』の後序に出てくる有名な「信心一異の諍論」の中の一節である。それは親鸞がまだ法然の門下生として勉学に励まれていたころのことである。同門の勢観房源智や念仏房念阿などと信心について話し合っていたとき、たまたま親鸞（善信房）が、「この善信の信心も、法然聖人のご信心も全く同じである」といわれたところ、源智や念阿などが、「師である聖人のご信心と、末弟にすぎない善信房の信心が、全く同じであるなどということがどうしてあり得ようか」と激しく反対した。親鸞も「師の広く深い智慧や学識と私のそれとが同じであるなどと申すのなら

ば間違いであるが、念仏往生の本願を疑いなく信ずる心は、全く異なることはありません。ただ一つです」と返答された。しかし「どうしてそのような道理があろう」と非難される。そこで師の房に是非の判断を仰ごうということで詳しいいきさつを申し上げたとき、法然の仰せられたのが、初めに挙げた言葉だったのである。

たまわりたる信心

法然は、本願の念仏は、智者が称《とな》えようと愚者が称えようと価値に変わりはなく、心をすまして称えようと、散り乱れ濁《にご》った心で称えようと、その功徳は全く等しいといわれてはいた。しかし信心が同じであるといわれた法語は見当たらないし、まして「如来よりたまわりたる信心」というような教説を、現存する著書や法語類の中に見出すことはできない。

もっとも、念仏は、誰が、どのような状態で称えていようと、その功徳は同じであるということは、一声一声が無上の徳をもっているからである。念仏の功徳は称える者がつけ加える徳ではなくて、本願の名号が本来もっている徳であるといわねばならない。その意味で、一声一声が如来よりたまわった念仏であるということを表わしていたともいえよう。

親鸞は、本願の念仏が万人平等の救いの道であるならば、それを疑いなく聞き受けて、念仏往生と信ずる心もまた善悪・賢愚を超えて平等でなければならないと領解されたに違いない。そのことを端的に「師弟一味の信心」と主張したのである。親鸞のこの深い洞察の言葉を聞いて、おそらく法然も内心驚嘆されたのではなかろうか。そしてそれに触発されるように、信心は「如来よりたまわりたるもの」であるから、平等であるということがひらめいたのではなかろうか。

信心をたまわるということは、「汝を救う」という本願の御言葉をたまわるということである。一人の落ちこぼれもなく、万人を平等に救おうと思し召す大悲心は、万人が歩める道として易行《いぎょう》の念仏を選びとり、「わが名を称えさせて浄土へ迎え取ろう」と誓われたのである。この誓願を仰せのままに聞けば、決定《けつじょう》往生の信心が必然的に成就する。「信は願より生ずる」のである。「必ず救う」という仰せは、「必ず救われる」という信心となって、人びとの心に実現していくのであるから、人間の智慧や学識といった自己のはからいは微塵もまじわらないのである。そこに「如来よりたまわりたる信心なるがゆえに、ただ一つなり」と言いきれる世界が開ける。それは親鸞の「往生の信心においてはただ一つなり」という領解を、包み込んで、それに決定的な理由づけをしたことになるのである。

おそらく親鸞は「如来よりたまわりたる信心」という師の教えを聞いて、深い感銘を受けられたに違いない。しかし法然は、その「如来よりたまわりたる信心」ということの意義を教義論的に展開されることはなかった。それを成就したのが親鸞だったのである。『教行証文類《きょうぎょうしょうもんるい》』を著し本願力回向《えこう》という教義概念を導入して法然教学を裏づけつつ、浄土真宗の教義体系を確立していかれる淵源は、この信心一異の諍論にあったといえるのではなかろうか。それゆえ親鸞はその主著『教行証文類』では、特に信心について、それが本願力回向の信であることを詳細に示していかれるのであった。

親鸞一人がため

弥陀の五劫思惟の願をよくよく案ずれば、
ひとえに親鸞一人がためなりけり

原文

弥陀の五劫思惟《ごこうしゆい》の願をよくよく案ずれば、ひとへに親鸞一人《いちにん》がためなりけり。されば、それほどの業《ごう》をもちける身にてありけるを、たすけんとおぼしめしたちける本願のかたじけなさよ。

（後序、聖典・八五三頁）

現代語訳

阿弥陀仏が、五劫《ごこう》ものあいだ思惟して立てられた本願を、よくよく味わってみると、それはひとえにこの親鸞一人のためであった。思えばそれほどの重い罪業をもっているこの身を、助けようと思い立ちたもうた本願の、なんとありがたいことか。

解説

五劫思惟《ごこうしゆい》の願

親鸞は、阿弥陀仏の本願を表わすのに「五劫思惟の願」という表現をしばしば用いられる。五劫の劫とは、カルパの音写語で、人間の思考を絶するほどの永い時間を表わす単位として経典にはよく用いられている。『大経《だいきょう》』によれば、法蔵菩薩《ほうぞうぼさつ》は、罪悪深重《ざいあくじんじゅう》の凡夫《ぼんぶ》をはじめ、一切の衆生を平等に救おうという大悲心にもよおされて、五劫という途方もなく永い時間をかけて思惟して救いの道を探り、ついに南無阿弥陀仏という御名を与えて救うという念仏往生の誓願を立てられたと説かれていた。

念仏往生の道を選択するために、法蔵菩薩が五劫ものあいだ思惟されたというこの経説には、二つの事柄が暗示されているようである。その一つは、さとりの智慧をきわめた法蔵ほどの菩薩が、五劫というとてつもなく永い時間をかけて思惟しなければ救いの道が見出せなかったということは、救いの対象である私どもが、無量の罪障をかかえたものであったということを顕《あら》わしている。二つには、法蔵菩薩が思いの限りを尽くしたうえで、これによって必ず救うと見極められた念仏往生の法は、微塵の狂いもない確実な救いの道であることを顕わしている。

前者は、私どもに自分の身のほどを思い知らせる。わが身にはさとりを開く能力が全くないという機《き》の深信《じんしん》を起こさせ、自力のはからいを離れしめていく。後者は、本願力の救いの確かさを知らせ、法の深信を起こさせ他力にまかす信を与えていく。このように、わが身のほどを思い知らせ、如来の救いの確かさを知らせることによって、自力を離れて本願他力にまかせきる信心を呼び起こす働きを秘めた経説であったからこそ大切に味わわれたのである。

「五劫思惟」という言葉の中に、こうした如来の御心を聞きとどけるということは、ただ言葉だけをなぞっていたのでは決して聞こえてはこないであろう。空しいものと知りながら、世俗の名利にまどい、浅ましいことと思いながらも、愛欲と憎悪の思いを断ち切ることができない自身の煩悩業苦の悲しみを通して聞き受けるとき、初めてうなずける事柄であった。それを「よくよく案ずれば」といわれたのである。自分ではどうしようもない迷いの深さ、愚かさを悲しみながら、このような身を包んで「必ず救う」と呼びたまう大悲にふれた感動を「ひとへに親鸞一人がためなりけり」と述懐されたに違いない。

親鸞一人

阿弥陀仏の第十八願には、「十方の衆生」と呼びかけられている。それは一切の衆生を包んで一人も漏らさず救うという広大な願心を示し、法の普遍性を表わしていた。しかし、その呼びかけを聞き受けるのは、一人一人の悩める「私」をおいてほかにはない。そこで善導も「二河譬《にがひ》」の中で本願の心を表わすのに、「汝《なんじ》、一心正念《しょうねん》にして直ちに来たれ。われ、よく汝を護らん」と表現された。如来は一人一人に二人称の単数で「汝」と呼びかけられているというのである。「ひとへに親鸞一人がためなりけり」といわれたのは、この「汝」という呼びかけに対する応答であり、「いのちの御親」に遇《あ》えた感動の表現であった。「なりけり」の「けり」には、深い感動がこめられていた。

親鸞は、自身を「逆謗の死骸」と仰せられる。愛欲と瞋憎の煩悩を燃やし五逆罪をつくり、正法を誹謗するような者は、さとりを開く手がかりさえもない、いわば仏道の死骸に等しいというのである。五劫の思惟とは、まさにこの逆謗の死骸をよみがえらせる如来の御業《みわざ》であった。そのことに気づいたとき、如来をして五劫ものあいだ思惟させたものは、この「親鸞一人」の罪業であったという、深い慚愧と謝念が湧き起こってくる。それゆえ「弥陀の五劫思惟の願をよくよく案ずれば、ひとへに親鸞一人がためなりけり」という言葉をうけて、「されば、それほどの業をもちける身にてありけるを、たすけんとおぼしめしたちける本願のかたじけなさよ」といわずにおれなかったのである。「阿弥陀仏が五劫ものあいだ思惟しなければ救いの道が見出せなかったほど、それほど深い罪業をもっている親鸞を助けようと思い立たれた本願であったとは、何というもったいないことであろう」といわれているのである。

なお、蓮如本『歎異抄』では、「それほどの業」と記されているところが永正十六年書写本などでは、「そくばくの業」（数えきれないほどの罪業）となっている。しかし私は上記のように蓮如本に従ってこの文章は理解したいと思う。

二河白道の譬え

二河譬《にがひ》（二河白道の譬え）とは、善導が『観経疏』の中で、念仏の行者の信心のありさまを巧妙な譬えで表わされたものである。

西に向かって果てしない旅を続けていた一人の旅人が、突然おそいかかってきた盗賊や猛獣（念仏を謗《そし》る人や自分の身心）の難を逃れようと走っていくと、眼前に水の河（愛欲の煩悩）と火の河（瞋憎の煩悩）が行く手をさえぎっているのに気づく。水の河は北に、火の河は南に果てしなく拡がっている。二河の交わる中間に一筋の白い道（南無阿弥陀仏）が、西に向かって延びているが、狭くて渡れそうには思えない。行くも死、戻るも死、停まるも死という絶望の境地に追いつめられた旅人に、東の岸から「汝この道を往け、決して死ぬことはない」と勧める声（釈迦の発遣《はっけん》）が聞こえ、同時に水火二河の彼方から「汝、一心正念にして直ちに来たれ。われ、よく汝を護らん」という招き喚ぶ声（弥陀の招喚）が聞こえてきた。そこで旅人は、この発遣と招喚に順《したが》って白道を歩み、水火二河を超えて安らかな彼岸（浄土）へ至ることができたというのである。

善悪の判断

善悪の二つ
総じてもって存知せざるなり

原文

善悪のふたつ、総じてもって存知《ぞんじ》せざるなり。そのゆゑは、如来の御《おん》こころに善《よ》しとおぼしめすほどにしりとほしたらばこそ、善《よ》きをしりたるにてもあらめ、如来の悪《あ》しとおぼしめすほどにしりとほしたらばこそ、悪《あ》しさをしりたるにてもあらめど……。

（後序、聖典・八五三頁）

現代語訳

何が本当に善であるのか、悪であるのか、善悪の二つながら、私は全く知りません。それというのも、如来がすべてを知り通す智慧をもって、これは善であると思《おぼ》し召《め》されているほど徹底して知っているのであれば、善を知ったことにもなりましょうし、如来が、これは悪であると思し召すほどに徹底して知っているのであれば、悪を知ったことにもなりましょうが……。

解説

知性の限界

この一言には、自己中心的な想念に支配されて、自分の都合をいつも価値判断の中心にすえ、自分にとって都合がいいか悪いかだけで、互いに善だ、悪だと言い争っている私どもの日常のいとなみの空しさと虚構性をズバリえぐり出すような響きがある。

『歎異抄』には「総じてもつて存知せざるなり」という親鸞の言葉が二か所に出ている。その一つは、第二条に、「念仏は、まことに浄土に生るるたねにてやはんべらん、また地獄におつべき業《ごう》にてやはんべるらん。総じてもつて存知せざるなり」といわれたものであり、もう一つがこの言葉である。

前者は生と死を分けて考えることしかできない人間の認識能力（虚妄分別《こもうふんべつ》）は、生と死の彼方を見届けることが決してできないという限界を指摘し、生死《しょうじ》を超えた彼岸の領域は、生死一如とさとる仏智（無分別智）のみが知ることを暗示していた。それゆえ私どもには、その仏智の領域を告げたまう本願の御言葉を、「よきひとの仰せ」を通して聞き開くほかに人生の行方を知るすべのないことを明示されていたのである。

善悪の不確かさ

これに対して後序の「総じてもつて存知せざるなり」は、人間の行ないの善し悪しの価値判断について、それを知り通す能力をもたないばかりか、自己中心的な偏向を離れられない人間が、さかしらげに行なう倫理的判断の曖昧さを指摘された言葉である。私どもは正しくものを見、公平に善悪の判断をしていると思い込んでいるが、はたしてそうだろうか。もしあらゆる事柄について、公正な倫理的判断がなされているならば、私どもの身辺は、もう少しすっきりと条理の通ったものになっていたであろう。

私どもの生活にとって「よし、あし」のけじめをつけることは極めて大切である。言っていいことと悪いこと、していいことと悪いことのけじめがつかなかったら、社会の秩序は乱れ、日常生活の安全は保たれないからである。しかしそれだけに善悪の判断の基準が問題になる。判断の基準が変われば、善が悪にもなり、是が非にもなってしまうからである。封建体制下において善と認められた行為が、民主主義の体制下では必ずしも善ではなかったり、資本主義社会で是とされることが、共産主義社会では非とされることも少なくないことは周知の通りである。またある国では英雄と讃えられている人物も、その人に征服された民族にとっては悪魔の化身でしかないであろう。さらに人類にとっては医学の進歩は必要不可欠なことであるから、そのための実験用動物の殺害は、是なる行為として認められている。しかし、殺される動物たちにしてみれば、人類とは悪魔のごとき残虐非道な動物でしかないであろう。

このように、善悪の基準が、時代によって、国家によって、あるいは文化の違いによって、さらには判断する人によって変わっていくとすれば、「善悪のふたつ、総じてもつて存知せざるなり」といわざるをえない。

自己中心の想念

考えてみると、私どもの日常生活は、意識するとしないにかかわらず、つねに自己中心的な想念に支配されている。自分に都合のいいものを「善」といい、自分に役立つ事柄を「是」とし、自分に都合の悪いものを「悪」といい、自分に邪魔な存在を「非」と呼んでいるのである。そして、自分に都合のいいものに対しては愛着し、都合の悪いものには憎悪の感情をもって対応する。こうして私どもは自己中心的な自心にたぶらかされて、善悪・是非を判別し、愛と憎しみの世界を描き出していくのである。しかし人の顔が十人十色であるように、人はみな都合が食い違っている。私にとって善であることが、彼にとって悪であったり、彼にとって是であることが、私にとって非であったりすることはいくらでもある。それゆえ自分の都合を中心にして判断し、行動していけば、必然的に争いが起こってくる。たまたま利害関係が一致するものは同志として結びついて党派をつくり、利害が相反すれば敵とみなして憎悪を燃やしていく。こうして人は愛憎の煩悩に翻弄されながら満身創《そう》痍《い》の人生を送っているとすれば、まことに「そらごと、たわごと」といわざるをえない。

こうした人間が形成していくさまざまな集団、家族・親族・地域共同体・民族・国家は、いずれも強力な自己中心性を核として成立していることを忘れてはならない。それを忘れたとき正義の名において戦いが起こり、神の名において殺戮が行なわれるようになるのである。人間が、人間の愚かさに気づくことは至難である。ただ如来の真実に呼び覚まされて、初めて虚心に自己の愚悪を承認するようになるのである。そのとき初めて人間に静寂がよみがえってくるのではなかろうか。

念仏のみぞまこと

ただ念仏のみぞまことにておわします

原文

煩悩具足《ぼんのうぐそく》の凡夫《ぼんぶ》、火宅無常《かたくむじょう》の世界は、よ

現代語訳

私はさまざまな煩悩をことごとく具《そな》えている凡夫で

ろづのこと、みなもつてそらごとたはごと、まことあることなきに、ただ念仏のみぞまことにておはします。

（後序、聖典・八五三頁）

あり、この境界は、まるで火のついた家のように危険に満ち、変化してやまない無常の世界である。こうした無常の世界を、煩悩を燃やしながら生きる凡夫のいとなみは、あらゆることが、みなことごとく空しい虚構であり、いつわりごとであって、まことのことは、何一つありえない。そんな中にあって、ただ本願の念仏だけが、煩悩のけがれを超え、永遠に変わることのない真実であらせられる。

解説

煩悩具足の凡夫

煩悩とは、貪欲《とんよく》・瞋恚《しんに》・愚痴《ぐち》をはじめ、自分の心を汚染し、他者を傷つけ、自他ともに苦悩の淵に沈めていくような、さまざまな醜い心の働きをいう。身と心をわずらわせ悩まし乱すものだからである。私どもは自己中心の妄念である愚痴にうながされて、自分に都合のいいもの（順境）に対しては貪欲を起こして愛着し、貪《むさぼ》り求め、反対に自分に都合の悪いもの（逆境）に対しては瞋恚を起こして怒り憎み、こうして愛憎違順の世界を描き出していく。そして、それがまるで客観的に確かなものとして実在するかのように、是非を争って狂奔している私どもを仏陀は「煩悩具足の凡夫」と仰せられたのである。しかも愛憎の心は、この生を終わるまでわが身につきまとい、死ぬまで煩悩の大地を離れることができない。「凡夫」とはそのようなものであると親鸞は断言される。

『一念多念文意《いちねんたねんもんい》』には、

凡夫といふは、無明煩悩われらが身《み》にみちみちて、欲もおほく、いかり、はらだち、そねみ、ねたむこころおほくひまなくして、臨終の一念にいたるまでとどまらず、きえず、たえずと、水火二河《すいかにが》のたとへにあらはれたり。（聖典・六九三頁）

といわれている。この世にあるかぎり、愛欲におぼれ、瞋憎《しんぞう》の火を燃やし続けるしかないもの、それが「かかるあさましきわれら」であるといわれるのである。そこには自身とこの世への深い断念があった。「よろづのこと、みなもつてそらごとたはごとまことあることなきに……」というご述懐は、こうした凡夫としての生き方を厳しく慚愧された断念の言葉であった。

念仏は本願の御《み》言葉

ところで私どもは、空しいと思いつつもわが身をたのみ、裏切られながらもこの世に夢を描き続けようとするものである。その夢を断ち切るような厳しさを秘めた親鸞のご述懐は、単に人間の感慨ではなくて、如来によって呼び覚まされた目覚めの言葉であったというべきであろう。私どもの甘い夢想を断ち切って、煩悩具足の凡夫と思い知らせ、人の世を煩悩の火の燃えさかる火宅と知らせて、私どもをその迷妄から呼び覚まし、真実の領域へと導こうと願い立たれたのが阿弥陀仏の誓願であった。その誓願は南無阿弥陀仏という名号となって火宅のすみずみにまで響きわたり、かたくなな煩悩の心を開いて、本願の世界へと向かわせる。

その本願の名号は、現実には私どもの口に念仏となって現われ出ている。念仏は、たしかに煩悩にまみれた私の口に現われているが、決して私の妄念の心から出たものではない。親鸞が「しかるにこの行は大悲の願より出でたり」（行文類、聖典・一四一頁）といわれたように、その一声一声は、阿弥陀仏の真実なる大悲の願心から流れ出てきた行法だったのである。念仏は絶対の真実が、私どもを呼び覚まし、真実の世界へと招きたまう本願の御言葉であったから、親鸞は「本願招喚《しょうかん》の勅命《ちょくめい》なり」（行文類、聖典・一七〇頁）といわれたのであった。

充実した生と死

生きることの意味もわからず、「いのち」の行方を知るよしもなかった者も、「如来は衆生を一子《いっし》のごとく憐念《れんねん》す」（勢至和讃、聖典・五七七頁）と聞けば、自分が如来からかけがえのない大切な仏子として念じられていることを信知して、如来子として自他を見る心が開けていく。また「至心《ししん》に信楽《しんぎょう》してわが国に生まれんと欲《おも》え（まことに疑いなく、わが国に生まれることができると思え）」（第十八願）と願われている身であると聞くならば、私には死としか思えない事柄が、まことは浄土へ生まれていくことであったと知らされ、死を永遠の生と受け入れるようになる。

如来に遇《あ》うことのない人生は空しく過ぎてしまうが、如来の智慧と慈悲の結晶である真実の御言葉に包まれ、導かれていく人生は豊かに充実している。行方の見定められない人生は恐怖に満ちているが、「いのち」の方向を浄土と定められた人生には深い安らぎが生まれてくる。こうして本願の念仏は、そらごと、たわごとの人生に豊かな実りをもたらし、うその人生を本物に変えていく。そのことを親鸞は「ただ念仏のみぞまことにておはします」と言われたのであった。

二、『三帖和讃』の言葉

安養浄土

安養浄土の荘厳は
唯仏与仏の知見なり

原文

安養《あんにょう》浄土の荘厳《しょうごん》は
唯仏与仏《ゆいぶつよぶつ》の知見《ちけん》なり
究竟《くきょう》せること虚空《こくう》にして
広大にして辺際《へんざい》なし

（高僧和讃、聖典・五八〇頁）

現代語訳

阿弥陀仏が大悲智慧の本願によって完成された浄土のありさまは、ただ仏と仏とのみが知ろしめす究極のさとりの領域であって、万物を包んでいる虚空が極まりないように、一切の限定を超えた絶対無限の世界である。

解説

浄土とは

親鸞が確認されていた浄土の世界の基本的な性格は、この一首の和讃に言い尽くされているといってもよかろう。「浄土は本当にあるのか」と親鸞に問えば、「本当の意味で『ある』といえるのは浄土だけである」と答えられるはずである。

親鸞は、浄土とは阿弥陀仏のさとりの領域であって、一切の虚妄を離れた真実の世界であると見られていた。そのことは私どもが「ある」と思っている自分も、自分を中心にして見たり、触れたり、考えたりしているかぎりの現実の世界は、すべて一瞬にして崩壊していく泡沫のような世界であり、我欲と憎悪と無知が描き出した虚構の世界でしかないということを意味していた。このことがわからなければ親鸞の世界は、かいま見ることもできないであろう。しかしこれはただ親鸞だけではない。本来仏教とは、そのような世界観をもつ宗教なのである。たとえば親鸞が尊敬してやまなかった聖徳太子が、后の橘大郎女《たちばなのおおいらつめ》に語った「世間は虚仮《こけ》なり、ただ仏のみこれ真なり」という遺言が言い表わそうとしているのも同じ事柄であった。

親鸞の浄土の考え方の基礎になっている天親《てんじん》（四〇〇—四八〇頃）の『浄土論』や、その注釈書である曇鸞《どんらん》（四七六—五四二）の『論註』によれば、私ども凡夫が我欲と憎悪と無知といったさまざまな煩悩をもとにして描き出し、作り上げている世界を穢土《えど》と呼ぶ。それに対して、一切は空であるとさとった菩薩が、生きとし生けるすべてのものを分けへだてなく迎え入れ、煩悩を浄化させようと願って実現された涅槃の境界が安楽世界である。それゆえ真実にして清浄なる世界（浄土）というのであるといわれていた。

浄土は智慧の源泉

天親は『浄土論』の中で、『無量寿経』に説かれている清浄にして真実な安楽世界（安養・極楽）の荘厳なありさまを、十七種の国土の功徳相と、八種の仏の功徳相と、浄土の菩薩の四種の功徳相とに分類し、あわせて三種荘厳二十九種にまとめて讃えられている。その初めに浄土は一切の虚妄なる分別を超えた清らかな無分別智の境界であって、あらゆる限定を超えて万物を包む広大無辺な智慧の領域であるといわれていた。

そしてそこに説かれている浄土のありさまを正確に理解することによって、真実とは何であるかを知る智慧が生まれ、どのように生きることが真実の生き方であるかを知るようになるといわれていた。真実を知る智慧が発《おこ》ってくるならば、自分の今までの生き方の虚偽性が否応なしに思い知らされる。こうして天親は、どのような生き方をすることが真実であるかを呼び覚まし、人間の生き方を転換させていく智慧と行動の源泉が浄土であるというのである。

楽のために願生せず

浄土は感覚的な快楽の世界ではない、あえていえば、それはいい音楽を聴いて楽しむように、真実の法を聞き実践することを楽しむ世界（法楽楽）であるといわれていた。それは世俗の欲望を投影した虚構の世界ではなくて、むしろ真実を目指す生き方がそこから呼び覚まされる仏道の根源なのである。それゆえ曇鸞は「楽しみを享受するために極楽へ生まれたいと願う者は往生することはできない」と断言されていた。自身の楽のために浄土を願うような者は、浄土の何たるかを知らないからであるというのである。そのような自己中心的な我欲の対象として描き出された世界は天上界（神々の世界）ではあっても決して浄土ではないからである。浄土が真実なる功徳の世界であることを聞き、真実の実現を求めるがゆえに浄土に生まれたいと願う者ならば、必ず菩提心（さとりの完成を願う心）を起こしているはずであるというのである。

この曇鸞の教えを承《う》けて親鸞は、浄土の真実に呼び覚まされて、自身の虚偽を思い知らされ、如来の本願の御はからいに身をゆだねて、仏にならせていただくことを喜ぶ信心は、大菩提心であるといわれていた。自利と利他とを円《まど》かに実現した仏陀になることを喜ぶ信心は、仏になろうと願う心（願作仏《がんさぶつ》心《しん》）であり、一切衆生の救済を願う心（度衆生心《どしゅじょうしん》）であるような徳をもっていたからである。

願力成就の報土

願力成就の報土には
自力の心行いたらねば

原文

願力成就《がんりきじょうじゅ》の報土《ほうど》には
自力の心行《しんぎょう》いたらねば

現代語訳

阿弥陀仏の本願力によって完成された真実の浄土（報土）には、本願力のはからいによってのみ往生することができるので

大小聖人《しょうにん》みなながら
如来の弘誓《ぐぜい》に乗《じょう》ずなり
（高僧和讃、聖典・五九一頁）

あって、自力の信心や修行をいかに積み重ねても届くような世界ではない。それゆえ、たとえ小乗や大乗の聖者であっても、浄土を求める者はすべて自らの善をたのむ心を捨てて、阿弥陀仏の本願力をたのみ、まかせていかれる。

解説

報身仏と報土

大乗仏教で、如来や浄土を語るとき、大きく分けて法身《ほっしん》（法性土《ほっしょうど》）、報身《ほうじん》（報土）、応身《おうじん》（応土）に分類して理解してきた。法身とは、仏陀の無分別智の領域をいい、一切の限定を超えた無相の真如を指していた。報身とは、菩薩が永劫《ようごう》にわたる修行の結果として真如をさとり、無量の徳を実現し、一切の衆生を救済し続けている光明無量、寿命無量の仏であり、無量の功徳によって荘厳《しょうごん》された浄土のことである。阿弥陀仏とその浄土は、その典型である。応身とは、穢土《えど》の衆生に応じて、有限な身体をもって現われてきた仏陀であって、釈尊がその典型である。

阿弥陀仏の浄土が、その本願によって成立した願力成就の報土であるということを強調されたのは善導《ぜんどう》（六一三―六八一）であった。『大無量寿経』に説かれているように、法蔵菩薩の本願（広くいえば四十八願、要約していえば第十八願）を因として完成された世界であるから、本願に報《むく》いて完成された仏陀の世界であるという意味で、阿弥陀仏は「報身仏」であり、安楽仏土は「報土」であるといわれた

のである。『観経疏《かんぎょうしょ》』「玄義分」にはそのことを、

もしわれ仏《ぶつ》を得たらんに、十方の衆生、わが名号を称して、わが国に生ぜんと願ぜんに、下《しも》十念に至るまで、もし生ぜずは、正覚《しょうがく》を取らじと。いますでに成仏したまへり。すなはちこれ酬因《しゅういん》の身《しん》なり。

(『註釈版聖典』七祖篇・三二六頁)

といわれている。ここには、わずか十声の称名であっても、わが名を称えた者は必ずわが国に生まれさせる。もし生まれさせることができなければ「正覚を取らじ」と誓われている、この第十八願が成就して阿弥陀仏となられたのであるから、この如来は本願に報いて成仏した報身仏であり、その浄土は報土であるといわれるのである。

凡夫を報土へ

しかも阿弥陀仏は、念仏の衆生を必ず報土へ往生させる本願力を完成することによって正覚者(仏陀)と成られたのであるから、念仏の衆生の救済者であり、その報土は、念仏の衆生を迎え入れて、涅槃のさとりを得させる浄土として完成されていることを表わしている。これによって煩悩を具足している愚かな凡夫であっても、本願に随順して念仏をする者は、本願力によって直ちに報土に往生することができるという道理が成就していることがわかる。

仏教で一般にいわれている自業自得果《じごうじとくか》(自らが行なった善悪の行為の報いとして、苦楽の結果を得る)の道理からいえば、煩悩を離れた報身仏の境界である報土は、真如にかなった智慧を開いて、煩悩を絶ち切っているような大菩薩(偉大な聖者)がようやく感得できる境界であって、煩悩具足の凡夫が

どれほど修行したとしても往生できるはずのない高度なさとりの領域であるとされていた。

しかし善導は「念仏する者を必ずわが国に往生させる」という誓願が成就されているのであるから、その本願を信じて念仏すれば、どれほど重い罪を抱えていようと、願力に乗じて必ず報土に往生し、たちどころに真如をさとり、煩悩を浄化されていくといわれたのであった。これを善導の凡夫入報（凡夫が直ちに報土に入ることができる）説というのである。

仏陀の境地

親鸞は、この極楽報土説をさらに展開させ、同じ報土でも他の仏の報土が初地以上の大菩薩になれば感得することのできる菩薩の境界であると見ていたのに対して、阿弥陀仏の真実報土は、仏陀のさとりの境界であるといわれていた。たとえ最高位の菩薩である弥勒菩薩といえども自らの智慧の力では、うかがい知ることのできない無上涅槃の世界であった。無上涅槃とは愛憎の煩悩が完全に消滅した最高のさとりの境地のことである。したがって、凡夫はもちろんのこと、弥勒菩薩のような大菩薩であっても、自力を捨てて、本願他力に帰依する以外に往生することはできないと言いきられたのである。

阿弥陀仏

弥陀成仏のこのかたは
いまに十劫をへたまへり

原文

弥《み》陀成仏《だじょうぶつ》のこのかたは
いまに十劫《じっこう》をへたまへり
法身《ほっしん》の光輪《こうりん》きはもなく
世《よ》の盲冥《もうみょう》をてらすなり
（浄土和讃、聖典・五五七頁）

現代語訳

法蔵菩薩が一切の衆生を救済しようという願と行とを完成して万人の救い主である阿弥陀仏となられてから、今日まで、十劫を経ていると説かれている。真如の顕われである方便法身《ほうべんほっしん》の智慧の光明《こうみょう》は、十方の無数の世界を照らし、無知と我欲に迷う人びとを救い続けられている。

解説

無量寿・無量光の徳

法蔵菩薩が、永劫にわたる修行の成果として衆生救済の誓願を完成し、願いのままに十方の衆生を救済する力（本願力）を完成されたとき、阿弥陀仏と名乗る仏陀となられたと『大無量寿経』は告げている。阿弥陀仏は、安楽浄土（極楽・安養界）に今現にましまして、その大悲智慧の本願力をもって十方世界の生きとし生きるすべてものを救いつつあるといわれている。阿弥陀仏の阿弥陀とは、アミターバ、アミターユスの音訳語であって、アミターバとはアミタ・アーバ、すなわち、はかり知ることのできない光明の徳をもつもの（無量光）という意味であり、アミターユスとはアミタ・アーユス、すなわちはかり知ることのできない寿命の徳をもつもの（無量寿）という意味であって、このように無量光・無量寿の徳をもつブッダ（仏）であるというので、『阿弥陀経』などでは、この二つの意味をあわせて「阿弥陀仏」という音訳語で呼ばれている。

如来の光明

法蔵菩薩の四十八願の中、第十二願には光明無量の徳の完成を誓い、第十三願には寿命無量の徳の完成を誓われていた。仏の光明とは「智慧の相なり」といわれるように、智慧の徳の象徴である。自分と世界の本当のありさまを知らない無明（無知）の闇を破って、もののあるがままのありよう（真如・実相）をさとり極めた如来の智慧の徳を象徴的に表わして光明というのである。智慧は教えの言葉となって人々に伝達されるように、如来のさとりの智慧は、経典という教えの言葉となって私どもに届けられる。私どもはその教えを素直に聞き入れることによって、自分の今までのものの見方、考え方が、自己中心的な想念によってゆがめられた虚構の想念であったことを思い知らされる。そして生と死を超え、自分と他人とのへだてさえも超えたさとりの領域のあることに気づかされるのである。こうして生死を超え、愛も憎しみも超えた一如平等の領域（浄土）こそ、私どもが帰らねばならない真実の世界であることを知らされていくのである。

そのように如来の智慧が教えの言葉となって万人を導いているありさまを、如来の光明に照らされているといわれているのである。それゆえ如来の光明は、目で見るものではなくて、教えを聞いていることが光に触れていることであると理解しなければならない。智慧が人々の無知を呼び覚まし、真実の世界を信じる身に導き育てていく働きを慈悲というのであるから、光明はまた慈悲の活動を象徴的に表わされたものということもできる。慈光といわれるのは、そのゆえである。

「いのち」の御親《みおや》

また阿弥陀仏が無量寿の徳をもつ無量寿如来であるということは、自己と他者とのへだてを完全に取り払って、自他一如のさとりを完成された如来であるということを示していた。自他一如の如来にとって、一切衆生の「いのち」は、そのまま「わがいのち」である。自己を空しくして、生きとし生けるすべてのものと一体になり、万人の上に自己を見出し、自己の中に一切の衆生を見出していくのが如来のさとりであるから、如来の「いのち」は一切衆生とともに無限なのである。言いかえれば無量寿如来という御名は、過去・現在・未来の三世にわたって、どの一瞬をとっても阿弥陀仏のいまさないときはなく、永遠に衆生を支え続け、救い続けるという、大悲の働きの永遠性を表わしているといえよう。その意味で阿弥陀仏とは、万人の「いのちの御親《みおや》」なのである。

このように救済者として私どもの前に現われ、南無阿弥陀仏という名号となって私どもを招喚される如来を方便法身という。先に阿弥陀仏は報身仏であるといったが、曇鸞大師は阿弥陀仏は方便法身であるといわれていたのである。（方便法身については本書一五〇頁参照）

久遠実成阿弥陀仏

久遠実成阿弥陀仏……釈迦牟尼仏としめしてぞ、迦耶城には応現する

原文

久遠実成《くおんじつじょう》阿弥陀仏
五濁《ごじょく》の凡愚《ぼんぐ》をあはれみて
釈迦牟尼仏としめしてぞ
迦耶城《がやじょう》には応現《おうげん》する

（諸経和讃、聖典・五七二頁）

現代語訳

久遠《くおん》の昔にすでに仏となっておられる永遠な「いのち」の御親《みおや》である阿弥陀仏が、一切の衆生にかけた久遠の願いを知らせるために、人間に応じて有限な「いのち」の仏陀となって現われた方が仏陀迦耶《ブッダガヤ》で成道された釈尊である。

解説

久遠実成《くおんじつじょう》　親鸞によれば、釈尊とは、濁乱《じょくらん》の世に生きる苦悩の凡夫に、本願他力の救いの道を知らせるために、久遠実成の阿弥陀仏自らが人間に応じて、人間の姿をとって現われた応身仏《おうじんぶつ》であるというのである。久遠実成とは、もとは『法華経』の寿量品《じゅりょうほん》に、釈尊の本地（本来の姿）を説き顕《あら》わすのに用いられた言葉であった。すなわち仏陀迦耶《ブッダガヤ》で成道し、八十歳で入滅された釈尊は、しばらく人間に応じて姿を変えて顕われた仏（垂迹《すいじゃく》の仏・迹門《しゃくもん》）にすぎない。釈尊の本来の姿（本地・本

門）は、はかり知ることのできない久遠の昔にすでに成仏されて、未来永劫にわたって衆生を救済し続けられている仏であるということを久遠実成というのである。それは無量の光明（慧光照無量《えこうしょうむりょう》）と、無量の寿命を持っていて（寿命無数劫《じゅみょうむしゅこう》）、決して入滅されることがないといわれていた。

久遠の弥陀

親鸞は、『法華経』に説かれた釈尊の本地（本門）である久遠実成の仏とは、実は光明無量・寿命無量の徳を自らの名とされている阿弥陀仏のことであると見られたのであった。「大経和讃」には、

弥陀成仏のこのかたは
いまに十劫とときたれど
塵点久遠劫《じんでんくおんごう》よりも
ひさしき仏《ぶつ》とみえたまふ

（聖典・五六六頁）

といわれている。『大無量寿経』には、阿弥陀仏は十劫の昔に成仏されたと説かれているが、実はそのままが久遠の昔に成仏された久遠実成の仏であることがわかるといわれるのである。したがって阿弥陀仏の誓願は久遠の願いであり、無限の過去から尽未来際《じんみらいさい》にかけて一切の衆生を救い続けている久遠の法門であるということになる。

そしてまた釈尊の本門が久遠実成の阿弥陀仏であるということは、釈尊は、久遠実成の阿弥陀仏を本

地・本門とした垂迹の応身仏ということになる。言いかえれば釈尊とは、有限な人間に応じて自らを時間的に限定して、この娑婆世界に現われてこられた阿弥陀仏であるということになる。そのことはまた逆にいえば、釈尊の時間を超え、空間を超えた絶対無限のさとりの領域そのものを阿弥陀仏として説き示されているのが『大無量寿経』であるともいえる。すなわち釈尊の説法は、そのまま阿弥陀仏の説法なのである。阿弥陀仏の本願を説く『大無量寿経』が釈尊の出世の本懐を表わした経典であり、如来の本意を表わされた真実の教であるといわれるのもそのゆえであった。

摂取不捨

摂取してすてざれば
阿弥陀と名づけたてまつる

原文

十方《じっぽう》微塵《みじん》世界の
念仏の衆生をみそなはし
摂取《せっしゅ》してすてざれば
阿弥陀となづけたてまつる
（浄土和讃、聖典・五七一頁）

現代語訳

十方に塵《ちり》の数ほどもある無数の世界に住む、念仏の衆生をことごとくご覧になって、大智大悲の光明の中に摂め取って決して見捨てたまうことがない。それゆえ阿弥陀仏と名づけたてまつるのである。

解説

大悲無倦《だいひむけん》

「摂取不捨」とは、『観経』の真身観に、「一一の光明あまねく十方世界を照らし、念仏の衆生を摂取して捨てたまわず」といわれた文によったものである。阿弥陀仏の全身から発せられる無量の光明は、十方の世界を照らし、仏を念ずる者をその光の中に包み込んで、臨終まで護り続け、決して見捨てることなく確実に浄土に迎えたまうことをいう。この言葉は多くの浄土教徒に深い喜びと感動を与えた金言であった。祖師たちは「念仏衆生、摂取不捨」という御言葉をそれぞれの感動をこめて述懐されていた。源信は『往生要集』巻中に、摂取不捨の教説を聞いた喜びを述べて、

われもまたかの摂取のなかにあり。煩悩、眼《まなこ》を障《さ》へて、見たてまつることあたはずといへども、大悲、倦《もの》うきことなくして、つねにわが身を照らしたまふ。（『註釈版聖典』七祖篇・九五六頁）

といわれていた。親鸞がほとんどそのままを「正信偈《しょうしんげ》」に引き、『高僧和讃』に讃詠されたことで有名である。「念仏の衆生を摂取して捨てず」と仰せられるのであるから、すでに念仏を申す身にしていただいている私もまた、摂取の光明に包まれているに違いない。悲しいことに愛憎の煩悩に心を閉ざされている私には、阿弥陀仏の光明をまのあたり拝見することはできないけれども、阿弥陀仏は光明を放って私を摂《おさ》め取り、片時も目を離さずに見守っていて下さるとは何というもったいないことかと述懐されているのである。そこでは源信自身は見る主体でも知る主体でもない、むしろ如来に見守られ、知られている者である。そのことに気づくならば、私どもは如来を見ることができないと嘆くこともなければ、

知り得ないことを悲しむ必要もない。見守られていることを喜び、知られていることを聞いて慎《つつし》むのみである。

阿弥陀の名義

善導は、『往生礼讃《おうじょうらいさん》』の日没讃の初めに、『阿弥陀経』に、阿弥陀仏という名義（名号のいわれ）を説いて、光明無量（アミターバ）・寿命無量（アミターユス）の徳を完成されているから阿弥陀といわれた経文と、『観経』の摂取不捨の光明の徳を表わす経文とを合わせて、

かの仏《ぶつ》の光明は無量にして十方の国を照らすに障礙《しょうげ》するところなし。ただ念仏の衆生を観《み》そなはして、摂取して捨てたまはざるがゆゑに阿弥陀と名づけたてまつる。かの仏の寿命およびその人民《にんみん》も無量無辺阿僧祇劫《あそうぎこう》なり。ゆゑに阿弥陀と名づけたてまつる。（『註釈版聖典』七祖篇・六六二頁）

といわれていた。親鸞は、これによって「阿弥陀経和讃」に、「摂取してすてざれば、阿弥陀となづけたてまつる」といわれたのである。しかし『礼讃』の寿命無量の徳を省略して、ただ摂取の光明の徳だけが挙げられていることに注意しなければならない。親鸞は、「摂取して捨てず」という光明の働きは、単に阿弥陀仏が完成された無量の徳の中の一つというようなものではなく、弥陀仏そのものであるような徳であるとみなされていたといえよう。「阿弥陀仏」とは、念仏の衆生を摂取して捨てないという仏なのである。念仏往生の本願成就の阿弥陀仏は、本願の通りに、一切衆生を念仏の衆生に育て、摂取して救うことのほかに存在しないといっていいのである。

永く捨てぬ如来

ところで高田派本山専修寺《せんじゅじ》所蔵の国宝本『和讃』によれば、この和讃の「摂取」に次のような左訓がほどこされている。

おさめとる。ひとたびとりて、ながくすてぬなり。せうは、もののにぐるをおはへとるなり。せうはをさめとる。しゅは、むかへとる。（『親鸞聖人真蹟集成』三・一〇五頁）

摂取ということは、摂め取るという意味であるが、それにまず「ひとたび取りて、永く捨てぬなり」という注釈を加えられている。信心決定《しんじんけつじょう》してひとたび摂取された者は、たとえば病気などによって、念仏さえも忘れるような状態になったとしても、また悪縁によって錯乱したまま死を迎えようと、私の状況のいかんにかかわらず、如来は見捨てたまうことなく浄土へ迎えとられるというのである。

そのころの浄土教徒の常識では、念仏者であっても、悪知識（念仏の教えを否定する学者）にまどわされたり、病気のために仏を思う心がなくなったり、重罪を犯したりすれば、信心がなくなり、念仏も止めてしまうようになり、如来も摂取することを止められるといっていた。それに対して親鸞は、「ひとたび取りて、永く捨てたまわぬ」といわれたのである。悪縁にあえば信心がなくなるというのは自力のはからいによって造り上げた信心であるからで、如来より与えられた真実の信心は決してなくなることはない。たとえ病気などによって私が如来を忘れてしまうようなことがあったとしても、如来は決して私を忘れたまわぬからである。それゆえ摂取不捨の利益にあずかったものは、現生《げんしょう》において不退転の位につき、正定聚《しょうじょうじゅ》の位に入るといわれたのであった。

また「摂は、ものの逃ぐるを追わえ取るなり」という注釈をほどこされているのは、親鸞の宗教の特徴ともいえる救済観を示すものであった。一般には救いといえば、悪を止めて善を積み、如来に向かって近づいていく者にのみ如来は救いの手を差し伸ばされる、それを摂取というと考えていた。ところが親鸞はそうした常識を破って、如来が救いの願いをかけられているのは、如来に向かっているような善人よりも、むしろ如来に背を向けて逃げまどうような生活を続けている煩悩の凡夫であるといわれるのであった。如来に背《そむ》いて、自ら奈落《ならく》(地獄)に沈もうとしている悪人こそ、もっとも危機的な状況にあるものであり、急を要する救いの目当てであるといわれた。如来に背く者を限りなく哀れみ、救おうと追い求め、呼び続け、念仏の衆生に育てあげて救い取ろうとされているのが阿弥陀仏の大悲の本願であり、「摂取して捨てず」という御言葉であるといわれたのである。

追わえ取る如来

こうして阿弥陀仏とは単なる名前に止まらず、私どもに、確実な救いを告げる如来の名乗りだったのである。のちに蓮如が、『御文章』(聖典・一一三三頁)に「阿弥陀といふ三字をば、をさめ・たすけ・すくふとよめるいはれあるがゆゑなり」といわれたのはそのゆえである。

釈迦と弥陀

釈迦は父なり、弥陀は母なり

原文

釈迦・弥陀は慈悲の父母《ぶも》
種々に善巧方便《ぜんぎょうほうべん》し
われらが無上の信心を
発起《ほっき》せしめたまひけり
（高僧和讃、聖典・五九一頁）

現代語訳

釈迦如来と阿弥陀如来とは、慈悲深い父や母のように、さまざまな巧みな方法をこらして私どもを導き育て、私どもにこの上ない徳をもった信心を起こして下さった。

解説

父と母

和讃の「釈迦・弥陀」の左側に、「釈迦は父なり、弥陀は母なりとたとへたまへり」という注釈が加えられている。父とは、子供に正しい道を教えて厳しく導くものであり、母とは、優しく子供を抱きとってはぐくみ育てていくものである。釈尊は、この娑婆世界に現われて、邪悪な人間を導いて阿弥陀仏の本願を勧め、念仏者の生活を厳しく誡めていかれるから父に譬えたのである。それに引きかえ阿弥陀仏は、善悪・賢愚のへだてなく、一切の衆生を大悲・智慧の光明をもって育て続け、本願を信じ念仏する者になれば、光明の中に摂め取って見守り続けていかれるから母に譬えたというのである。

この和讃のもとになった善導の『般舟讃《はんじゅさん》』には、「釈迦如来は実にこれ慈悲の父母なり」といわれていた。釈尊の智慧の徳を父に、慈悲の徳を母に譬えられたのに違いない。それを「釈迦・弥陀は慈悲の父母」と言いかえ、釈迦を父に、弥陀を母に譬えられたのはおそらく親鸞が初めではなかろうか。もっとも阿弥陀仏を母に譬えた例は源信や聖覚《せいかく》に見られる。『往生要集』の中に、念仏の衆生を大悲の光明の中に摂め取り、母が「ひとりご」を見守るように慈眼をもって暖かく護念したまう阿弥陀仏は、まさに「極大慈悲の母」というべきであると讃仰されていた。おそらくそれを承《う》けて親鸞は、釈迦と弥陀を父母に譬えて味わわれたのであろう。

発遣《はっけん》と招喚《しょうかん》

その釈尊を発遣の教主、阿弥陀仏を招喚の救主と位置づけられたのは善導であった。『観経疏《かんぎょうしょ》』「散善義」(『註釈版聖典』七祖篇・四六七頁)の三心釈に有名な二河白道《にがびゃくどう》の譬え(本書一〇三頁参照)が説かれているが、その中に、この娑婆世界にあって浄土の経典を説いて「この道を往け」と本願の念仏(白道)を勧める釈尊の役割を「発遣」といわれた。発とは「内部のものを外にはじき出すこと」であり、遣とは「つかわす、差し向ける」ということである。娑婆にあって絶望的な状況に追いつめられている私どもに、「きみただ決定《けつじょう》してこの道を尋ねてゆけ、必ず死の難なからん」と、念仏の白道を勧める人を釈尊に譬え、その言葉を発遣といわれていた。

それに対して、火の河（瞋憎《しんぞう》）と水の河（貪愛《とんあい》）を超えた彼岸の世界から、煩悩の二河に行く手を阻《はば》まれて悩み苦しむ私どもに、「汝《なんじ》、一心正念《いっしんしょうねん》にしてただちに来たれ、われよく汝を護らん」と招き喚《よ》び続けられているのは、本願念仏の白道を与えて招喚されている阿弥陀如来であるといわれていた。招喚の招とは「まねく、よびよせる」という意味であり、喚とは「よぶ、まねく、さけぶ、よびさます、人に声をかける」という意味である。ところで親鸞はこれを「よばふ」と訓読されている。これは「よぶ」という動詞の未然形に「ふ」という反復・継続を表わす助動詞をつけたもので、「喚び続ける」という意味を表わしていた。私どもはこの世に生きてあるかぎり、自己中心的な想念の殻の中に閉じこもって愛憎の煩悩を燃やし、如来を忘れがちであるから、如来はたえず念仏の声となって私どもを呼び覚まし続けられているということを表わしていた。

二尊の勅命

こうして『大無量寿経』とは、釈尊が「きみ、この道をゆけ」と発遣されるありさまであり、そこに説かれている阿弥陀仏の本願は、阿弥陀仏が私どもの一人一人に「汝、一心正念にしてただちに来たれ、われよく汝を護らん」と招喚されていることを表わしていた。

信心とは、この釈迦・弥陀二尊の発遣と招喚にはからいなく信順することであるから、親鸞は『尊号《そんごう》真像銘文《しんぞうめいもん》』に「帰命《きみょう》はすなはち釈迦・弥陀の二尊《にそん》の勅命にしたがひて召《め》しにかなふと申すことばなり」（聖典・六五五頁）といわれていた。先哲はその心を、

往け来いと西と東に釈迦と弥陀

押され引かれてまいる極楽

と詠んでいる。私どもがこの世に生まれ合わせて聞かねばならない言葉というのは、この釈迦・弥陀二尊の勅命であるというのが親鸞の信念であった。

他力不思議

他力不思議に入りぬれば
義なきを義とすと信知せり

原文

聖道門《しょうどうもん》のひとはみな
自力の心《しん》をむねとして
他力不思議にいりぬれば
義《ぎ》なきを義《ぎ》とすと信知《しんち》せり

（正像末和讃、聖典・六〇九頁）

現代語訳

この世界でさとりを完成しようとして厳しい修行を続けている聖道門《しょうどうもん》の人たちは、善行をなすことによって成仏できると、自分の修行能力をたのむ自力心を修行の根本としている。しかし、人間の思いはからいを超えた如来の本願他力の世界に帰入して、如来の御はからいにまかせて念仏する身になるならば、自力のはからいこそまことの如来に背く心であったと知らされ、はからいを雑《まじ》えないことこそ他力不思議の正しい受けとり方であったと信知するようになる。

解説

如来の利他

他力というと「他者の力」と考えるのが一般である。しかし親鸞は、他力とは根源的には如来の「利他の力」であると見られていた。つまり「他」を如来のこととするか、それとも私どものこととするかによって「他力」の意味が微妙に変わるのである。親鸞は、しばしば他力の信心ということを「利他の信楽《しんぎょう》」とか「利他真実の信心」というように「利他」という言葉で他力を表わされているが、そこには重大な意味が秘められていたのである。

阿弥陀仏の浄土の教えの中へ初めて「他力」という言葉を導入された曇鸞《どんらん》が、その『論註』の最後に阿弥陀仏の他力（仏力）によって、往生の因も果も成立するという法義を表わすためになされた「他利利他の釈」を承《う》けていたからである。そこには、

> 他利と利他と、談ずるに左右《さう》あり。もし仏よりしていはば、よろしく利他といふべし。衆生よりしていはば、よろしく他利といふべし。いままさに仏力を談ぜんとす。このゆゑに利他をもつてこれをいふ。（『註釈版聖典』七祖篇・一五五頁）

といわれていた。同じ如来の救済を表わすのでも、救われる私どもの方からいう場合には「他利」というべきであり、救う如来の側から表わす場合は「利他」というべきである。今は如来の働きを如来の側から表わすから「利他」という言葉を用いるといわれるのである。しかし一般には、他利といっても利他といっても、どちらも「他者の利益を計ること」で、同じ意味で使われていたから、この『論註』の

言い分は一見奇妙な釈であった。ところが親鸞はそれを「他利利他の深義」といって『論註』理解のキーワードとされたのであった。

思うに「他利」というのは、「他が利す」ということで他者である阿弥陀仏が私ども衆生を利益するということであるから、一般にいう他力のことになる。それにひきかえ「利他」という場合は、「他を利す」と読むから、救済する如来が自者であり主体であって、救済される衆生は他者であり客体であるという表現になると考えられたのであろう。すなわち利他とは、人間の思いはからいを超えた如来の不可思議なる救済活動を如来の側から言い表わした言葉であって、ここでは私ども衆生は「私」ではなくて、如来から「汝」と呼びかけられている者になるのである。

他力不思議

親鸞によれば、阿弥陀仏の救済活動は、自他のへだてを超えた如来の無分別智の必然の働きとして現われてくる自他一如の救済活動であった。したがって如来の徳が、そのまま十方の一切の衆生の徳になるという不可思議なる働きとして実現していくと見られていたのである。それは自他を分けへだてする人間の分別知では決して捉えることができないから、親鸞は他力不思議とも、仏智の不思議ともいい、また本願力回向と言い表わしていかれたのであった。

煩悩を具足した私どもの行ないによって、清浄な浄土のさとりを実現することはできない。それゆえ如来は、自他一如の働きとして衆生救済の願を建て、成仏の道として本願の名号を与え、「われを信じてわが名を称《とな》えよ」と招喚されているのである。その招喚を信じて念仏していることは、私どもを念仏の衆生に育てようとされた本願力が実現している姿であると受けとり、「たまたま行信を獲《え》ば遠く宿縁を慶《よろこ》べ」と親鸞はいわれている。私が称《とな》えている念仏が私の行ではなくて、本願力の行であることを表わすために、「行文類」（聖典・一九〇頁）にことさら他力釈を設け、「他力といふは如来の本願力なり」といわれたのであった。これによって念仏の主体は凡夫ではなくて如来の本願力であり、利他力であることが明らかになった。私の行ないが、実は如来の行ないであるということは、人間の思議を超えた領域であって、ただ信知すべき事柄である。それゆえ親鸞は自力の教えは、人間の思いはからいを主として成立する「思議」の法門であるが、他力の教えは、人間の思議を超えた如来の大悲・智慧の領域であるというので、他力不思議とか、仏智不思議といわれている。

要するに他力とは何もしないことではなくて、真剣に聞法し、念仏し、敬虔《けいけん》に礼拝していることを「如来われを動かしたまう不可思議の徳の現われ」と仰いでいることをいうのであった。念仏を励むことが自力なのではなくて、念仏しないことが自力のはからいに閉ざされていることなのである。また、たまわった念仏を自分が積んだ功徳と誤解していることを自力というのであって、念仏する身にしていただいていることを慶ぶのを他力というのである。それを親鸞は、「他力と申し候ふは、とかくのはからひなきを申し候ふなり」（聖典・七八三頁）といわれたのであった。

義《ぎ》なきを義《ぎ》とす

親鸞は、そのことを法然から聞いた「他力には義なきを義とす」という法語をもって示していかれる。『親鸞聖人御消息』第六通に、如来の御ちかひなれば、「他力には義なきを義とす」と、聖人（法然）の仰せごとにてありき。義といふことは、はからふことばなり。行者《ぎょうじゃ》のはからひは自力なれば義といふなり。他力は本願を信楽《しんぎょう》して往生必定《ひつじょう》なるゆゑに、さらに義なしとなり。（聖典・七四六頁）

といわれたのをはじめ、親鸞の晩年の著述や手紙の中にひんぱんに用いられていた。

「義なきを義とす」の「義なき」とは行者が自力のはからいをまじえないことであると親鸞は釈されていた。それは「義」とは、「宜」とか「誼」と同じく、ものごとの「正しいすじ道、道理」のことであるが、それを人間が理性をもって善を善とし、悪を悪と判断し批判することと見ると、義とは「はからう」という意味になるから、「自力のはからい」とされたのであろう。しかし「義とす」といわれた「義」とは、もともとの「正しいすじ道、道理」のことで、他力の正しい道理、他力の本義という意味で用いられているようである。要するに人間の思慮分別を超えた他力不思議に対しては、人間の思慮分別、すなわち自力のはからいをいささかも、まじえないことが正しい他力の受け取り方であるというのである。

こうして他力とは如来の不可思議なる救済力のことであって、人間の側からの一切のはからいを許さない宗教的世界を表わす言葉であった。

信心正因

信心の正因うることは
かたきが中になおかたし

原文

不思議の仏智《ぶっち》を信ずるを
報土の因としたまへり
信心の正因《しょういん》うることは
かたきがなかになほかたし
（正像末和讃、聖典・六〇八頁）

現代語訳

人間の分別思議を超えた如来の智慧の表現であるような本願を、疑いなく受け入れている信心を、さとりの境界である報土（真実の浄土）に生まれる因種（たね）と定められている。報土の正因であるような信心は、如来の本願力によって恵まれた心であって、人間の力では決して得られるものではない。

解説

真実功徳

真実報土とは、親鸞によれば、阿弥陀仏が本願によって完成された最高のさとりの境界であって、報土に往生することは阿弥陀仏と同じ最高のさとりの智慧を完成することを意味していた。したがって報土に往生する因とは、仏に成る因ということを意味していたのである。しかし信心が広い意味で仏道の因になるということはいわれてきたが、それが成仏の唯一の因であるというようなことは未だかつていわれたことのない教説であった。成仏のためには、法蔵菩薩がなされたような智慧と慈悲の実践を無限に積み重ねなければならないと考えられていたからである。

しかし親鸞は、信心の本体は、大悲の本願であり、如来の智慧であると見抜くことによって、それがただちに成仏の因となると言いきっていかれたのであった。そのことは「信文類」の初めに信心の徳を讃えて、「証大涅槃の真因、真如一実の信海なり」といわれたところに端的に表われていた。如来より回向された信心は、阿弥陀仏と同じ究極の大涅槃をさとる因種(たね)であり、その本体は、真如そのものであって海のような広大無辺の徳をもっているというのである。

さらに言葉をついで「たまたま浄信を獲《え》ば、この心顚倒《てんどう》せず、この心虚偽《こぎ》ならず」ともいわれていた。「顚倒せず(不顚倒)、虚偽ならず(不虚偽)」とは、もとは曇鸞《どんらん》の『論註』上巻で、真実とは何であるかということを説明するときに用いられた言葉であった。『大無量寿経』は、真実とは何かということを阿弥陀仏とその浄土の荘厳相として説かれた経典であるが、浄土が「真実功徳」といわれるのはそれが「顚倒せず、虚偽ならざる」ありようをしているからであると説明されていたのである。つまり、親鸞は浄土の本質を説明する言葉をもって信心の内容を説明されていたことがわかる。

顚倒せず　「顚倒」とは、逆さまになっていることで、完全に真実に背いた在り方のことをいうから、「顚倒せず」とは、本来の正しい在り方を意味していた。それを曇鸞は「法性《ほっしょう》により二諦《にたい》に順ずる」からであるという。それはもののあるがままの姿(真如)をあるがままに知り、真理にかなって行動する智慧の徳である。すなわち自分の都合を中心にして物事を区分けしていく虚妄分別を離れて、真如をさとる智慧を無分別智というが、そのような無分別智の領域を第一義諦《だいいちぎたい》（究極の真理）という。その思いはかることも、言葉で言い表わすこともできない究極の真理を巧みに言葉で表わして世俗の人々に説き示していく智慧を後得智《ごとくち》といい、後得智によって説かれた教えのことを世俗諦《せぞくたい》（世俗に応じて説かれた真理）というのである。法蔵菩薩は、このような二諦（二種の真理）にかなって行動する方であって、その智慧は、物事を自分本位に見ていく誤った考えを離れているから「顚倒せず」というのである。

虚偽ならず

「虚偽《こぎ》ならず」とは、「衆生を摂して畢竟浄《ひっきょうじょう》に入れしめる」ことであるといわれている。「畢竟浄」とは究極の清浄処ということで、煩悩を離れた清らかなさとりの領域である浄土のことである。したがって「虚偽ならず」とは、衆生を救って浄土に迎え取る大悲方便の徳を表わしている。虚とは「むなしい」ということで中身が空っぽであるような状態をいい、反対の実は、中身が一杯につまっている充実した状態を表わしている。偽とは「にせもの」ということで、真に対する言葉である。それゆえ「虚偽ならず」とは、人々を浄土に導き入れることによって人々に功徳を円満させ、その人生にまことの実りを与えていくからである。

こうして真実とは、真如にかなって一切の衆生を救う法蔵菩薩の智慧と慈悲の働きのことであって、このような智慧と慈悲の徳を具体的に実現しているのが阿弥陀仏でありその浄土の世界であるから、それを真実功徳といわれていたのである。

成仏の因

したがって親鸞が、信心のことを「たまたま浄信を獲ば、この心顚倒せず、この心虚偽ならず」といわれたとき、如来より回向された信心は、法蔵菩薩が浄土を建立されたと同じ真実心であり、阿弥陀仏とその浄土の本質である智慧と慈悲の徳と同じであるということを顕わそうとされていたのである。言いかえれば、如来・浄土の本質である智慧と慈悲の徳が、信心となって私どもの煩悩の心に与えられているのであって、その信心の徳が現われれば、それが如来であり、浄土なのである。そのことを信心が仏になる因種（たね）であるといわれたのである。

これを親鸞の信心正因説《しょういんせつ》というのであって、『信文類』には、「この心はすなはち如来の大悲心なるがゆゑに、かならず報土の正定の因となる」といい、『正像末和讃』には「信心の智慧なかりせば、いかでか涅槃をさとらまし」と讃えられたのであった。

信心の智慧

信心の智慧に入りてこそ
仏恩報ずる身とはなれ

原文

釈迦・弥陀の慈悲よりぞ
願作仏心《がんさぶっしん》はえしめたる

現代語訳

慈愛に満ちた釈尊のお勧めと、阿弥陀仏のお招きによって得た信心は、必ず仏陀にならせていただけると思い取る心であるから、

信心の智慧にいりてこそ
仏恩報《ぶっとんほう》ずる身とはなれ
（正像末和讃、聖典・六〇六頁）

願作仏心《がんさぶっしん》（仏になろうと願う心）すなわち菩提心である。それは阿弥陀仏の智慧の表現であるような本願の世界に帰入することによって開けた信心の智慧の徳である。そのとき初めて私どもは如来のご恩に包まれていることを喜び、そのご恩に報いようと思うような身になる。

解説

生死《しょうじ》を超える智慧

国宝本の『和讃』によれば、この「信心の智慧」という言葉の左側に「弥陀のちかひは智慧にてましますゆゑに、信ずるこころの出でくるは智慧のおこるとしるべし」と注釈されている。阿弥陀仏の本願は、さとりの智慧の表現であるから、その本願の御言葉を疑いなく受け入れた心（信心）は、如来の智慧と同質の心であるといわれるのである。親鸞はそのような信心は如来よりたまわった仏心そのものであり、またさとりにかなった心をもってさとりを求める、まことの菩提心であるといわれたのであった。

本願が智慧の表現であるということは、十方世界の一切の衆生に向かって「至心《ししん》に信楽《しんぎょう》して、わが国に生まれんと欲《おも》え（まことに疑いなく浄土に生まれようと思え）」と願われている言葉そのものに表われている。まず私どもにとっては死としか思えない状況を、死ぬのではなくて生まれるのだと思えといわれているわけであるが、これは生と死を全く反対の事柄としてしか考えることのできない私どもの分別知では決して思うことも理解することもできないことであった。ただ分別を超えて生死《しょうじ》一如《いちにょ》とさとる無分別智を獲得した者（仏陀）だけが自在に使うことのできる後得智《ごとくち》と呼ばれる智慧の言葉であった。

それゆえ親鸞は、「欲生《よくしょう》というは、すなはちこれ如来諸有《しょう》の群生《ぐんじょう》を招喚《しょうかん》したまふの勅命なり」といわれたのであった。「わが国に生まれんと欲え」と呼びかけられている言葉は、明らかに生死を超えた智慧からのみ出てくる言葉であって、生まれて死ぬという枠組でしか自分の存在を捉えることのできない人間の中からは決して出てくる言葉ではなかった。

信心は仏智

こうして阿弥陀仏が「至心に信楽して、わが国に生まれんと欲え」と呼びかけられている事柄は、もともと人間の思慮分別、思いはからいを超えた世界を告げているのであるから、私どもは理解することも判断することもできないことであった。不思議の仏智の表現であるような本願の御言葉は、仰せの通りに聞き受けるしか受け取る道はないのである。それは自分の考えを捨てて、如来の言葉を受け入れることを意味していた。このように如来の御言葉だけを究極の真実と受け入れることを信心というのである。

そのとき、本願の言葉は私の生死の惑《まど》いを開く智慧の働きをするようになる。如来の智慧の言葉を受け入れることによって、如来のみがしろしめす生死を超え、愛憎を超えた領域を真実と受け入れるようになるが、それは如来の言葉が今まで想像もしなかった新しい生死を超えた世界を開いてくれることを意味していた。このように如来の本願の御言葉が私の信心となっているのであるから、信心の本質は如来の智慧であるといわれたのである。

信心は菩提心

こうして煩悩具足の身でありながら、愛憎の煩悩の渦巻く生死の世界を不実と思い捨て、生死を超えた怨親平等の涅槃の領域に生まれ、仏になることを慶ぶようになる。それを親鸞は仏になろうと願う心（願作仏心《がんさぶっしん》）といい、菩提心といわれたのであった。このように信心の本質は如来の智慧であり、さとりにかなった菩提心であるから、信心はよく涅槃の浄土を感得する正因となるのである。

菩提心とは、さとりの智慧の完成を求める心であり、自利（自らの目覚めの智慧の完成を求めること）と利他（一切の衆生を目覚めさせようとする慈悲の実践）の完成を目指す心である。曇鸞《どんらん》はそのような菩提心を願作仏心（仏になろうと願う心）・度《ど》衆生心（衆生を済度しようとする心）といわれていた。

阿弥陀仏の本願は、こうした菩提心の典型であった。そこには衆生「もし生まれずは正覚《しょうがく》を取らじ」と、自らの正覚をかけて一切衆生の往生が誓われていた。それは阿弥陀仏の願作仏心が、度衆生心として誓い表わされているのである。私どもは、この如来の度衆生心を聞いて、仏にならせていただく身であると信知するのであるから、信心は願作仏心であるといわれるのである。こうして私の願作仏心は、如来の度衆生心に感動する心であり、自分もまた衆生救済を行なう身にならせていただくことを慶び期する心であった。それが具体化した姿が大悲還相《だいひげんそう》の活動なのである。その心を『正像末和讃』には、

如来の回向《えこう》に帰入《きにゅう》して
願作仏心をうるひとは
自力の回向をすてはてて
利益《りやく》有情《うじょう》はきはもなし
（聖典・六〇四頁）

と讃詠されている。

障りを徳に

氷、多きに、水、多し
障り、多きに、徳、多し

原文

罪障功徳《ざいしょうくどく》の体《たい》となる
こほりとみづのごとくにて
こほりおほきにみづおほし

現代語訳

さとりを開く妨げとなる罪悪も、その本体は仏陀の功徳と決して別物ではない。それはちょうどかたい氷も、その本体は水であるようなものである。その証拠に氷に熱を加えれば水になるよう

さはりおほきに徳おほし
（高僧和讃、聖典・五八五頁）

に、真実の智慧が開ければ罪障は功徳に転換する。氷が多ければ多いほど、それが溶けた水は多いように、障《さわ》りが多ければ多いほど、それを転換して得る功徳は多い。

解説

無《む》碍《げ》光如来《こうにょらい》

『高僧和讃』の「曇鸞讃《どんらんさん》」に出ているこの「和讃」は、盡十方《じんじっぽう》無碍光如来《むげこうにょらい》の無碍光の徳を讃えられた一連の和讃の中の一首である。「無碍」とは、凡夫の悪業煩悩に妨げられることなく、自在に救いたまう如来の絶対的な救済力を表わす言葉であった。それゆえ「無碍光如来」という御名を聞くならば、善いときの私も、悪いときの私も、そのままを救いの御光の中に摂め取りたまう如来であることに気づかされる。そこに自ずから悪にひがむ心も、善に誇る思いも打ち砕かれて、与えられた「いのち」のままに素直に生きることのできる精神の地平が開かれていくのである。

『歎異抄』には、「念仏者は無碍の一道なり」といい、信心の行者は「罪悪も業報《ごっぽう》を感ずることあたはず、諸善もおよぶことなき」無碍の一道を行くものであるといわれていた。本願を信じ念仏する者は、無碍光如来の障《さわ》りなき救いの光に包まれて安住の場を与えられ、護念せられていることの慶びを述べられたものであった。

ところで「無碍光」ということは、ただ単に障りにならないというだけではなく、むしろあらゆる障りを転換して功徳にしていく働きのことであると親鸞は領解されていた。

障りを徳に

それが初めに挙げた和讃であって、その前に、

無碍光の利益より
威徳広大《いとくこうだい》の信をえて
かならず煩悩のこほりとけ
すなはち菩提のみづとなる
（高僧和讃、聖典・五八五頁）

という和讃がおかれていた。

氷は熱が加わらないかぎり、いつまでも冷たい氷であり続けるように、煩悩は智慧によって転換されないかぎり、浅ましい心でしかない。しかし暖かい太陽の光によって氷も溶かされて水になるように、煩悩即菩提とさとる如来の智慧は、無量の煩悩を無量の功徳に転換していく働きをもつという。無碍の光明で表わされる如来の円融無碍《えんゆうむげ》の智慧は、本願の名号となって私に与えられて信心の智慧となり、氷を溶かす太陽の光のように、私の罪障を転じて功徳に変えていくというのである。『教行証文類《きょうぎょうしょうもんるい》』の「総序」にはそれを「円融至徳《えんゆうしとく》の嘉号《かごう》は悪を転じて徳を成《な》す正智《しょうち》」といわれていた。

人生にさまざまな障碍《しょうがい》と挫折はつきものである。この世に生まれてきたかぎり、老と病と死と、愛するものとの別離と、憎しみあうものとの出会いを避けて通ることはできない。誰しも平穏無事な生活を願わない者はないが、平穏無事に生きられるようにはできていないのが人の世である。神に祈願しようが、仏に祈りをささげようが、逃げることも避けることもできない怖ろしい出来事に遭遇することもあるし、どうしようもない苦悩に責めさいなまれることもある。どんなに注意深く生活していても、何が起こって来るかわからないし、また何が起こって来ても不思議でないのが人生なのである。

逆境を生かす智慧

ただその障碍と挫折の苦悩が、空しい繰り言《ごと》の材料として終わってしまうか、それとも苦難と危機を、人生を超えた真実を味わい確認する機縁となるように生かしていけるか否かが人生の分かれ目になるのである。それはその人が自らの人生に立ち向かう姿勢の違いによる。あるいは人生を超えていく智慧が与えられているかどうかによるというべきである。

日々の生活が順調に流れているときには、むしろ人生への驚きもなく、真剣に仏法を聞こうとする心も起こりにくいものである。惰性だけで生きている人間には、「いのち」の緊張感もなく、生きていることの不思議と尊さを実感することもない。むしろ逆境が尊い法の縁となり、苦い後悔にさいなまれることが念仏を申す機縁となっていくことは多くの人が経験することである。自分や親しい者が「いのち」の危機にさらされるとき、生きていることの不思議の実感と、「いのち」のつながりの不思議な広がりに気づき、限りない「いのち」を感得することもあるのである。

人生は道場

『維摩経』には、「煩悩はこれ道場なり」とか「三界はこれ道場なり」と説かれている。

愚かに浅ましい愛憎の煩悩が、求めるべき仏法の真実を指し示す道しるべとなるとき、煩悩は道場としての意味をもつ。さまざまな苦悩を避けられないこの迷いの境界（三界）が、その苦悩を機縁としてあるべからざる境界であると思い知らされるとき、三界は、浄土こそ万人の帰すべき真実の世界であることを告げ知らせてくれる道場になるというのである。仏道とは人生のあらゆる出来事を、真実を確認する道場と受け取れと教える宗教であり、悪魔の中にも如来を見出していく智慧を磨けと教えるものだったのである。

順境であれ逆境であれ、人生の出来事はすべて人生を超えた仏法の真実を確かめていく道場であると領解する心が開かれたとき、人生に無駄なもの、無意味なものはなくなっていく。そしてあらゆるものの中に如来はいますと気づくであろう。それゆえ「この如来、微塵世界にみちみちてまします」といわれるのである。すべてのものから真実を聞こうと謙虚に心の耳をすます信心の行者の前には、悪魔・外道も善知識と転じていく。しかし悪魔の中に如来を見るには如来よりたまわった智慧がなければならない。浄土真宗は、人生から災難をなくしていくように祈る宗教ではない。阿弥陀仏はさまざまな苦難に耐える力と、災難を克服して功徳に転換していく智慧を与えて救いたまうからである。

三、和語聖教の言葉

法性法身と方便法身

仏について二種の法身まします、一つには法性法身と申す。二つには方便法身と申す

原文

しかれば仏について二種の法身《ほっしん》まします、ひとつには法性《ほっしょう》法身《ほっしん》とまうす。ふたつには方便法身とまうす。法性法身とまうすはいろもなし、かたちもましまさず。しかれば、こころもおよばず、ことばもたえたり。この一如よりかたちをあらはして、方便法身とまうす。その御《おん》すがたに、法蔵比丘《ほうぞうびく》となのりたまひて、不

現代語訳

阿弥陀仏に二種の法身《ほっしん》がまします。法性《ほっしょう》法身《ほっしん》と方便法身である。法性法身とは、分別を超えた無分別智の主体であるから、他と比べてその特徴を知る標識となるような色や形のない、したがって分別して知ることもできないし、言葉で表現することもできないさとりそのものをいう。

この万物一如のさとりの領域に私どもを導くために法性法身が大悲・方便をもって救済者という形をとって現われた阿弥陀仏のことを方便法身という。その衆生救済のあり

可思議の四十八の大誓願をおこしあらはしたまふなり。（唯信鈔文意《ゆいしんしょうもんい》、真宗聖教全書二・六三〇頁）

さまを知らせるために、まず法蔵比丘《ほうぞうびく》となって、人間の思いはからいを超えた、四十八種の誓願を起こし表わされたのである。

解説

法性法身《ほっしょうほっしん》　阿弥陀仏を、法性法身と方便法身という二種の法身として領解《りょうげ》されたのは曇鸞《どんらん》であった。

仏教では、人間が、自己中心的な分別によって認識しているような世界を虚構の世界とし、ものの真実のありよう（実相）は、人間の分別的な認識を超えた無分別智《むふんべつち》によってのみ、さとることができると教えている。それは自と他、生と死、愛と憎、善と悪といった言葉を使って区別して認識する分別を超えているから一といい、それがもののあるがままのありようであるというので如というのである。

そのような一如が存在（法）の本性であるから法性ともいい、それは完全に煩悩を消滅しているから涅槃ともいうのである。真如・一如・実相・法性・涅槃とさまざまに表現されているが、内容は同じであると親鸞はいわれている。それは完全に分別を超えた領域であるから、もちろんさとる智慧とさとられる真如とは全く一つである。そのような根源的なさとりの智慧を根本無分別智というが、それはまことの理法と一つであるから法性法身ともいうのである。法性のことを法身ともいうからである。

法性法身が「いろもなし、かたちもましまさず。しかれば、こころもおよばず、ことばもたえたり」といわれているのは、それが二元的な対立を完全に超えた無分別智の領域であるからである。

ところで無分別智をもって真実の理法をさとれば、自ずから真実に背いて、うそ偽りの生き方をしている者のありさまがはっきりと見えてくる。しかも自他のへだてがなくなっている仏陀は、必然的に迷い苦しんでいる者の苦悩を、わがこととして共感し、救おうとする大慈悲心が起こってくる。そして人びとを救うために真如の理にかなった巧みな救いの方法を確立する。そのような働きを無分別後得智《ごとくち》（無分別智のあとから獲得される衆生救済の智慧）といい、その智慧の働きによって具体的な救済方法を確立することを方便というのである。

方便法身

もともと方便の原語であるウパーヤとは、「だんだんと近づいていく」という意味の言葉で、さとりを開いた仏陀が迷っている衆生に近づき、巧みな方法（説法）をもって衆生を教育し、仏陀のさとりに近づけていくという仏の救済のありさまを表わす言葉であった。その場合は仏陀がその智慧と慈悲を傾けて巧みな方法をもって衆生を救済していかれるから、善巧《ぜんぎょう》方便と呼んでいる。今、方便法身という場合の方便は、大悲善巧の方便を意味していた。曇鸞が『論註』に方便を「正直《しょうじき》を方《ほう》といひ、己れを外にするを便といふ」と釈されているのがそれであった。「正直」とは、偏りがなく平等であることで、一如にかなって、己れのごとく万人を平等に憐むことであり、「外己」とは、己れを捨てて一切衆生の救済に生きる大悲の働きをいうのである。

なお方便（ウパーヤ）という言葉には、このような善巧方便のほかにいろいろな用法があるから注意しなければならない。たとえば教えを聞いた人が教えにしたがって修行をして、さとりに近づいていくことも方便ということがある。修行のことを方便というからそれを修行方便という。

また衆生を救済するために説かれた仏陀の教えの中に、真実の教えと方便の教えを分けることもある。すなわち仏陀が自らの本意にかなって説かれた教えを真実の教えといい、仏陀の真意をすぐには受け入れられない未熟な者を育てるために、しばらく仮に設定される教育的手段としての教えを方便の教えという場合がある。それはしばらくは用いるが、最終的には捨てて、仏の本意にかなった教えに帰入させるから、このような教育的手段としての教えを権仮《ごんけ》方便というのである。

方便について

ともあれ、一如に背いた在り方をして苦しんでいる私どもに対して、一如そのものが、万物は本来一如平等のありようをしていることを知らせ、本来の一如のありように目覚めさせるために、言葉による限定を超えている一如そのものが大悲者・救済者となって私どもに呼びかけ、呼び覚まし、迎えとりたまうありさまを方便法身というのである。法身が南無阿弥陀仏という本願の名号（言葉）となって私どもに近づいて来ているからである。

名号を聞く

聞くというは、本願を聞きて疑う心なきを「聞」というなり

原文

「聞其名号《もんごみょうごう》」といふは、本願の名号をきくとのたまへるなり。きくといふは、本願をききて疑ふこころなきを「聞《もん》」といふなり。またきくといふは、信心をあらはす御《み》のりなり。（一念多念文意、聖典・六七八頁）

現代語訳

「其《そ》の名号《みょうごう》を聞く」というのは、本願の名号を聞くと仰せられているのである。「聞く」というのは、本願のいわれを聞いて、疑う心がないことを「聞」というのである。また「聞く」ということは、本願の信心の特色を表わす御言葉である。

解説

如実の聞

第十八願の完成を告げる成就文《じょうじゅのもん》（『大無量寿経』巻下）に「その名号を聞きて信心歓喜《しんじんかんぎ》せんこと乃至《ないし》一念せん」といわれている。「その名号を聞く」といわれたのは、すぐ前に説かれた第十七願成就文に、諸仏が阿弥陀仏の名号のいわれを広く讃嘆されるといわれたのを承《う》けているから、万人平等の救済を告げる本願のいわれを聞くことを意味していた。

しかし「名号を聞く」といっても、さまざまな聞き方がある。すなわち名号のいわれ（名義）にかな

って聞いていることを如実の聞といい、名号のいわれ（名義）にかなわない聞き方を不如実の聞というのである。今、第十八願成就文に「その名号を聞く」といわれた「聞く」は、自分のはからいをまじえずに名号のいわれの通りに聞き受けている如実の聞であるということを知らせるために、「本願をききて疑ふこころなきを聞といふなり」といわれたのである。

ところで「本願をききて疑ふこころなき」ことを信心ともいうのであるから、これは、本願成就文に「その名号を聞く」といわれているのは、ただ耳に聞いているというだけではなく、また疑いを差しはさんで聞いているような聞き方でもなく、名号のいわれを疑いなく聞き受けていることであり、信心であるような「聞」であると解釈されたことになるのである。

不如実の聞

不如実の聞というのは、第二十願に「十方の衆生、わが名号を聞きて、念《おも》いをわが国に係《か》け、もろもろの徳本を植えて、至心《ししん》回向《えこう》してわが国に生ぜんと欲《ほっ》せん」（聖典・一八頁）といわれた「聞」である。第二十願の聞は、名号には、多くの功徳がこもっているから、心を静めて少しでも多く称《とな》えれば莫大な功徳となって、私の往生を可能にしてくれるであろうと聞き誤っている「聞」である。それは同じように阿弥陀仏の名号を聞いているのではあるが、阿弥陀仏が大悲をこめて私に救いを呼びかけておられる招喚の御言葉であるという名号の実義に背いた聞き方をしているからである。すなわち名号の語りかける言葉をまともに聞かずに、自分のはからいをまじえて自己流に理解したことによる誤りであって、それを親鸞は「本願を疑う」といわれたのである。

このように自力のはからいをまじえ、疑い心をまじえて聞いていることを不如実の聞というのである。せっかく本願他力の救いを告げている名号を聞きながら、称念して積み重ねたわが功徳をたのみにして往生しようと願っているから不如実の聞といい、自力の念仏を不如実修行というのである。

聞即信《もんそくしん》　それにひきかえ第十八願成就文に「其の名号を聞く」といわれた「聞」とは、「われをたのめ（南無）必ず救う（阿弥陀仏）」という本願の仰せを、わがはからいをまじえず、疑いなく聞き入れていることをいうから「如実の聞」というのである。「信文類」には、この聞を釈して、

しかるに『経』に「聞《もん》」といふは、衆生、仏願《ぶつがん》の生起本末《しょうきほんまつ》を聞きて疑心《ぎしん》あることなし、これを聞といふなり。（聖典・二五一頁）

といわれている。「仏願の生起本末」とは、法蔵菩薩が、あらゆる衆生を善悪・賢愚のへだてなく平等に救おうという大悲の誓願を発《おこ》し、願いの通りに本願他力をもって一切の衆生を救う本願力を成就して阿弥陀仏となりたもうたから、衆生はこの如来の本願力のおはからいにまかせるばかりで必ず救われるという本願のいわれのことである。このように如来の御はからいによって救われるということを告げているのが、「南無阿弥陀仏」という本願の名号であり、それを広く説き示しているのが『大無量寿経』であった。したがって、本願の名号を聞くということは、如来の御はからいによって「必ず救われる」と疑いなく聞いていることでなければならないのである。これを「如実の聞」といい「聞即信」というのである。如実の聞はそのまま信であるような聞であるからである。

信即聞

次に「またきくといふは、信心をあらはす御《み》のりなり」といわれたのは、「聞」をもって第十八願の他力の信心の特色を顕わす釈である。すなわち本願他力の信心とは名号のいわれを、はからいなく聞き受けていることをいうのであって、本願の名号を聞いているほかに信心はないということを明らかにするための釈なのである。言いかえれば本願の信心は、自分で思索し思い固めたような信心ではなくて、「われをたのめ必ず救う」という仰せ（名号）をはからいなく聞いていることを信心というのであるから、聞くということが本願の信心の特徴を顕わしていることになるのである。それを「信即聞」という。信といっても如来の勅命を聞いていることのほかにはないからである。

それを古来、信心は名号が私どもの心に印現《いんげん》している姿であるといわれている。印現とは、左文字に彫られている印鑑の文字が、紙に捺せば右文字になって写ることをいう。そのことを利井鮮妙《かがいせんみょう》は、

左文字おせば右文字たすくるの
ほかに助かる信なかりけり

と詠っている。「われをたのめ必ず救う（南無阿弥陀仏）」という本願の呼び声をはからいをまじえずに聞くならば、「必ず救われるとたのむ（南無阿弥陀仏）」信心になることを印現というのである。そのような在り方をしている信心を本願力回向の信心というのである。先哲が、「勅命のほかに領解なし」といわれた所以《ゆえん》である。言いかえれば南無阿弥陀仏という本願招喚の勅命をたまわっていることを、信心をたまわっているというのである。

信心とは

信心は、如来の御誓いを聞きて疑う心のなきなり

原文

「信心歓喜乃至一念《しんじんかんぎないしいちねん》」といふは、「信心」は、如来の御《おん》ちかひをききて疑ふこころのなきなり。

（一念多念文意、聖典・六七八頁）

現代語訳

『大無量寿経』巻下の第十八願成就文《じょうじゅのもん》に「信心歓《かん》喜《ぎ》すること、乃至《ないし》一念せん」といわれた「信心」とは、如来の本願を聞いて、疑う心のないことをいうのである。

解説

信心の語義

親鸞は、信心とは「本願を疑う心がないことである」と定義された。いわゆる無疑心である。同じことが「信文類」の字訓釈や法義釈にも見られる。そこには「疑蓋間雑《ぎがいけんぞう》なきがゆえに、これを信楽《しんぎょう》と名づく」といわれている。本願の信楽のことを成就文には信心といわれている。信心も信楽もいずれも梵語の「プラサーダ」の訳語で、浄信とも訳されているように、心を浄化する作用をもっている心のことであった。仏の教えを正しく理解し受け入れることによって、心を浄化する働きをもった心が形成されたことを「信」というのが一般的な解釈であった。

さて親鸞が「疑蓋間雑なきがゆえに、これを信楽と名づく」といわれた、疑蓋の「蓋《がい》」とは、一般的には煩悩の異名で、真理を覆《おお》い隠すものという意味を表わしていたが、今は特に疑惑の心は本願の救いを覆い隠すから疑蓋といわれたのであろう。また蓋は「容器に蓋《ふた》をする」という意味があるように、本願を疑う心は、ちょうどコップに蓋をしたままで水を注いでいるような状態であるというのである。いくら本願の法水を注がれても自力の「はからい」という蓋をしていたのでは法が心に届かない。そこで「如来と自分との間に疑いという蓋をまじえない状態を信心という」といわれたものといえよう。

こうして第十八願の信心が、「本願を疑う心のない」状態であるということは、本願という真実の法(本願招喚の勅命)が、そのいわれの通りに私どもの心に届いていることを意味していた。信心は、私の心の上に開け発《おこ》っている事実に違いないが、それは私の想念が作り上げたものではなく、私を浄土に生まれさせようとする如来の大悲心が、本願の御言葉となって私の上に響き入り、私の智慧となって、私を涅槃の浄土へ導いていく姿であった。これを如来回向の信心というのである。

自力のはからい

ところで親鸞は、本願を疑うということは「自力のはからい」のことであるといわれていた。「はからい」とは、「分別し、判断すること」で、「自ら思いめぐらし、考慮すること」であり、「適切に処置をすること」をいう。親鸞は「はからい」を、一般的な用法として、「適切に処置をする」という意味で用いられる場合もあった。また「如来のはからい」といわれる場合は肯定的な意味で用い、凡夫から弥勒菩薩に至るまで「本願の不思議をはかるものはいない」とか、

「はからいを離れる」という場合は否定的に用いられるというように三種に使い分けられていた。

「本願を疑う」ということと、「はからいをまじえる」ことと同じ意味で用いられる場合の「はからい」はいうまでもなく第三の意味であった。それは「生と死」「善と悪」を分別して理解していく人間の固有の理解力をもって、善人悪人のへだてなく一切の衆生を平等に救って「浄土に生まれさせる」といわれるような、人間の思議を超えた本願の御言葉《みことば》について、自ら思いをめぐらせ、判断し、適切な処置をとろうとすることを「自力のはからい」といわれたのである。不可思議の本願を、自分の理解力によって思議しようとすれば、疑いと逡巡しか出てこない。それを「疑蓋」とも「疑惑」ともいうのである。

ところで仏教で一般的にいわれている疑は、判断力が鈍いために物事について的確な判断が下せず、猶予し、思いまどって決定しないという意味であった。それは人間の判断力の不足を意味していた。しかし本願疑惑は、人間の理解力・判断力そのものが無効とされるような状況を表わしていたから、本願疑惑は一般にいわれるような疑いとは根本的に違っていることがわかるであろう。そのことは疑いの反対である信心が、世間でいわれる信心でないことはもちろん、仏教で一般にいわれている信心とも大きな違いがあることを意味していた。

心命終《しんみようじゆう》と身命終

ともあれ誓願不思議を聞くときには、自分の判断力をたのまず、自分の考えをさしはさまず、虚心に阿弥陀仏の本願の仰せを受け入れるしかない。それを親鸞は

「疑いをまじえず」とか、「はからいを離れる」といわれたのである。阿弥陀仏の本願の前では、私どもが一ばんたのみにしている自分の理解能力を捨てなければならない。捨てるということは、それを本願の前で役立てようと思わないことである。その意味で一度、自己をたのむ心が死ななければ、自己を超える道は開かれてこないのである。

親鸞は『愚禿鈔《ぐとくしょう》』上に、「本願を信受するは、前念命終《ぜんねんみょうじゅう》なり。(中略)即得往生《そくとく》は、後念即生《ごねんそくしょう》なり」(聖典・五〇九頁)といわれている。本願を信受することが命終であるというのは、自力のはからいが死ぬことであり、即得往生が後念即生であるということは、本願他力の中によみがえり、摂取不捨の光明に照らされ、如来に護念される身となったことを意味していた。いわゆる仏になることに決定している正定聚《しょうじょうじゅ》の機《き》として新しい如来の「いのち」をたまわったことをいうのである。

覚如はその意を承《う》けて『最要鈔』(真宗聖教全書三・五二頁)に、自力のはからいを離れることを「心命終」といい、臨終に穢身《えしん》を捨てる「身命終」と対応し、まことの意味での宗教的な「死」は「心命終」であるといい、私どもはそのとき、「正定聚」という新しい意味をもった生の領域に入るのであるといわれていた。(正定聚については本書一六四頁を参照)

仰せにしたがう

このように本願招喚の勅命を疑いをまじえずに聞いていることは、はからいなく仰せに随順していることであるから、信はまた随順という意味を表わしている。「信文類」に引用された善導の「二河白道《にがびゃくどう》の譬え」の中に「いま二尊の意に信順して」といわれているが、これは信を「信順」すなわち随順の意味で用いられたものである。この道を行けと教える釈迦の発遣《はっけん》と、この道を来たれと招く弥陀の招喚《しょうかん》にはからいなく随順して、南無阿弥陀仏という願力の白道をわが道と領解していることを信心というのである。

ところで親鸞は、『尊号真像銘文《そんごうしんぞうめいもん》』に「帰命《きみょう》と申すは如来の勅命にしたがふこころなり」といわれているように、如来の勅命にはからいなく随順することを帰命の語義として用いられていた。もともと信心は「プラサーダ」の訳語であり、帰命は「ナマス（南無）」の訳語であって、元来は別の言葉であったのを、親鸞はどちらも「如来の仰せにしたがう」という共通の意味をもたせることによって同義語として使われるようになったのである。

「たのむ」

また親鸞は、信心のことをしばしば「たのむ」という和語で表わされる。『唯信鈔文意《ゆいしんしょうもんい》』の初めに、「本願他力をたのみて自力をはなれたる、これを唯信といふ」といわれたものがそれで、信心とは自力のはからいを捨てて、本願他力をたのみたてまつることであるといわれる。また「行文類」の六字釈にも帰命の帰の字の意味として用いられていた。すなわち「帰説（きえつ）也」の左訓に「よりたのむなり」とあり、「帰説（きさい）也」の左訓に「よりかかるなり」といわれたものがそれであって、「本願招喚の勅命」にわが身をまかせている状態を表わしていた。

「たのむ」には現代の『国語辞典』などには「たよりにする。あてにする。信頼する。たよるものとして身をゆだねる。懇願する」などの意味があるが、親鸞の「たのむ」の用法の中には「懇願する」という場合は全くなく、「たよりにする、まかせる」という意味でのみ用いられている。それは如来の御はからいにまかせるとか、わが身をたのまず仏智の不思議をたのむとか、自身が積み重ねた善根功徳をたのむ心を捨てて、ひとえに本願力をたのむといわれていた、親鸞の宗義からいっても如来に救いを願うというような信心であるはずがなかったことは明らかである。

それればかりか、法然もそうであったが、親鸞が「たのむ」を漢字で書かれる場合には「大悲の弘誓《ぐぜい》を憑《たの》む」というように必ず「憑」を用い、他の漢字に当てはめることがなかったことは注目すべきである。「憑」は、憑む者と憑まれる者とが密着して離れない状態のうえで、「よりたのむ・よりかかる・まかせる」という意味を表わしていて、決して懇願するというような意味はなかったからである。のちに蓮如が信心を専ら「弥陀をたのむ」と言い表わされたのはこの用法を踏襲されたものである。

信は真実

また親鸞は、信を「真」の意味とされている。「信文類」の字訓釈に「信とはすなはちこれ真なり、実なり」といわれたものがそれである。もともと中国語の信には「うそ・いつわり」を離れた真という意味があり、真には実という意味があるところから、信を真実といわれたのである。親鸞が、信をつねに真実と関連させ、如来の真実なる智慧と同質の信でなければ如実の信心ではないといわれるのも、元来信には真という意味があったからである。言いかえれば親鸞が、信心とは「本願他力をたのむ」ことであるといわれたときには、本願こそ究極の真実であるから、疑いなく「たのむ」という信相が成立するのだということを表わしたかったのであろう。

『尊号真像銘文』に第十八願の至心信楽《ししんしんぎょう》を釈して「至心は真実と申すなり、真実と申すは如来の御ちかひの真実なるを至心と申すなり。煩悩具足の衆生は、もとより真実の心《しん》なし、清浄《しょうじょう》の心なし、濁悪《じょくあく》邪見《じゃけん》のゆゑなり。信楽《しんぎょう》といふは、如来の本願真実にましますを、ふたごころなくふかく信じて疑はざれば、信楽と申すなり」（聖典・六四三頁）といわれたのは、その心を顕《あら》わそうとされたものであった。

現生正定聚

真実信心の行人は、
摂取不捨のゆえに正定聚の位に住す

原文

真実信心の行人《ぎょうにん》は、摂取不捨のゆゑに正定聚《しょうじょうじゅ》の位《くらい》に住す。このゆゑに臨終まつことなし、来迎《らいこう》たのむことなし。信心の定まるとき往生また定まるなり。来迎の儀則《ぎそく》をまたず。

（親鸞聖人御消息、聖典・七三五頁）

現代語訳

阿弥陀仏の本願他力をたのむ真実の信心を得た人は、摂取不捨の利益にあずかるから、必ず仏になることに定まっている正定聚《しょうじょうじゅ》の位《くらい》につく。それゆえ、臨終の来迎《らいこう》をたのみとして待ち望むというようなことはない。信心が定まるときに往生もまた定まるのである。それゆえ、臨終に際して来迎を感得するための儀式である臨終行儀《ぎょうぎ》などは必要としない。

解説

臨終業成説《りんじゅうごうじょうせつ》

親鸞の教えの特徴の一つは、本願を疑いなく信ずる者は、即座に摂取不捨の利益にあずかるから、信心を得た平生《へいぜい》のときに往生・成仏すべき身に定まるという現生《げんしょう》正定《しょうじょう》聚《じゅ》説を力説されたことであった。それは従来の浄土教の常識であった、臨終に来迎を感得して初めて往生が定まるという臨終業成説を否定されたことを意味していて、浄土教に大きな転換をもたらした思想であった。

親鸞のころの一般的な浄土教はもちろん、法然門下の人たちであっても、現生《げんしょう》（この世）において往生が決定するという現生不退《げんしょうふたい》説を説く人は少なかった。まして現生において仏になることに決定した正定聚の位に住するというようなことを説く人はいなかったのである。それは多くの人は、信心と念仏は自分の力で確立し実行するものであると考えていたからである。

どれほど確信をもっているといっても、それが人間が作り上げた信心ならば、外部からの非難攻撃によって信念を曲げたり、あるいは自分で罪を作って確信が揺らいだり、病気などで念仏を称えられなくなって信心がなくなってしまう場合があるから、この世に生きているかぎり不退転ということは言いきれないからである。だから臨終まで油断せずに念仏を励まねばならないというのであった。そして、臨終には正念を失わないように念仏を相続し、最後の瞬間に如来の来迎を感得したときに初めて往生の業因が完成すると考えられていた。それを臨終業成説と呼ぶのである。

このような臨終業成説に対すれば、親鸞の現生正定聚説は、臨終を待たずに、信心を得た平生のときに往生の業因が決定するという説であるから、平生業成説というべきであると主張されたのが覚如《かくにょ》や、その長男の存覚《ぞんかく》であった。

正定聚とは

正定聚の意味についてはいろいろの説があったが、曇鸞によれば、部分的ではあるが真如の理をさとる無漏《むろ》の智慧を開き、愛憎の煩悩を断ち切って迷いの境界である三界（欲界・色界《しきかい》・無色界《むしきかい》）を超えた初地以上の菩薩の地位であり、聖者のことであるとされていた。すなわち真理にかなった正智（無漏の智慧）を得て、仏になることに決定しているような聖者の仲間ということであった。したがって正定聚の位に入るのは、浄土に往生したときであって、決して現生でいうべきことではないとみなされていた。

したがって親鸞が、信心の行者が正定聚の位に住しているといわれたときには、凡夫でありながら、聖者であるというような徳を与えられているということを意味していた。凡夫でありながら聖者でもあるということは、「火（煩悩）が燃えているけれども火は消えている」というのと同じくらい矛盾した言葉である。にもかかわらず親鸞があえて凡夫のままで正定聚に入るといわれたのは、凡夫が頂戴した如来回向《えこう》の信心は、仏心であり、無漏《むろ》の智慧であると領解されていたからであった。それゆえ本願を信ずる者は、死ぬまで愚かな煩悩具足の凡夫ではあるけれども、いただいている徳からいえば無漏智をそなえた正定聚の機であるといわれ、凡夫でありながら聖者の徳をもつといわれたのであった。

また親鸞が正定聚を、信心の行者が現生《げんしょう》で得る利益と見るべきであると主張された根拠としては、信心の行者は摂取不捨の利益にあずかるからであるということが挙げられる。「真実信心の行人は、摂取不捨のゆえに正定聚の位に住す」といわれたものをはじめ、しばしばいわれていた。

摂取不捨の利益

摂取不捨の利益とは、念仏往生の本願を信ずる心が起こったとき、即座に如来の光明の中に摂《おさ》め取られ、護念せられ続けるという利益を得ることであった。「摂取」ということについて親鸞は、「ひとたび取りて永く捨てぬ」ことであるといわれていた。一度信心を与えた行者を決して見捨てることなく、臨終の一念まで護り続けることであった。したがって信心は決して退転することがないわけである。往生成仏の因である信心が退転しないから信心の行者は不退転の位に住するとも、正定聚の位に入るといわれるのである。

如来の秩序

ところで念仏の衆生が、阿弥陀仏の智慧と慈悲の働きを顕《あら》わす光明の中に摂め取られているということは、如来の智慧と慈悲を根源とする如来の秩序下におかれているということを意味していた。煩悩具足の凡夫であるままで、如来の秩序の中に自己の存在が位置づけられているということである。言いかえれば阿弥陀如来の智慧と慈悲は、無明・煩悩に閉ざされ、生きる意味も方向ももたない私どもの混沌とした無秩序な「いのち」に、新しい意味と方向を与えて、精神的な秩序を与え安住の境地を開いていくのである。混沌に秩序を与えていくことを救いというのである。その意味で阿弥陀仏とは、真実なる秩序の源泉であるといえよう。このように、十方の衆生を念仏の衆生に育て上げ、新しい精神の秩序を与えて如来の秩序下に包み取っていく如来であるから、阿弥陀仏を尽十方《じんじっぽう》無碍光如来《むげこうにょらい》というのである。

十方の衆生は、その真実の光の言葉に導かれて浄土に往相し、究極の真実をさとるならば、還相《げんそう》の願に乗じて十方世界に至って、あるいは仏の姿をとり、あるいは菩薩となり、千変万化しながら教えを説き、混沌とした無明・煩悩の衆生に如来の智慧と慈悲にもとづく秩序を与え、「いのち」に意味と方向性を与えていく。いわゆる往相の行者に育てていくのであって、それを還相というのである。

信心の行者が、煩悩具足の身のままで阿弥陀仏の光明の中に摂め取られ、仏になることに決定しているということは、こうした壮大な尽十方無碍光如来の秩序の中に摂め取られ、さとりの秩序の中に位置づけられていることであった。このように如来によって自分の存在が意味づけられ方向づけられていくことを親鸞は「正定聚の利益にあずかる」というのである。

大会衆《だいえしゅ》の数に入る

親鸞は『浄土論』や『論註』によって念仏の行者は、この世にあるままで「大会衆の数に入る」といわれている。大会衆とは、もともと浄土の大講堂に集まって阿弥陀仏の説法を聴聞している浄土の聖衆《しょうじゅ》のことであった。それを「正信偈《しょうしんげ》」には、「功徳大宝海《だいほうかい》に帰入すれば、かならず大会衆の数に入ることを獲《う》」といい、功徳の大宝海である本願の世界に身をゆだねていく者は、現生において阿弥陀仏の説法の座に連なる大会衆の数に入るといわれたのであった。煩悩具足の凡夫ではあるけれども、阿弥陀仏の摂取の心光に照らし護られ、南無阿弥陀仏という本願招喚の勅命を聞き続けている信心の行者は、現に今、阿弥陀仏の法座に連なっているといえるから、穢土《えど》にありながらも浄土の大会衆の数に入るということができるといわれるのである。

如来と等し

弥勒に同じ位なれば、
正定聚の人は如来と等しとも申すなり

原文

弥勒《みろく》はすでに仏《ぶつ》にちかくましませば、弥勒仏と諸宗のならひは申すなり。しかれば弥勒におなじ位なれば、正定聚《しょうじょうじゅ》の人は如来とひとしとも申すなり。浄土の真実信心の人は、この身こそあさましき不浄造悪《ふじょうぞうあく》の身なれども、心はすでに如来とひとしければ、如来と

現代語訳

弥勒菩薩は、すでに仏になるべき因行が円満していて、仏陀に一ばん近いところに位置している。仏陀とほとんど同じ徳をもっているというので等覚《とうがく》の菩薩というが、当来の仏であるというので他の宗派では弥勒仏と言い習わしている。ところで信心の行者は成仏の因が満足し、仏になることに決定しているという意味では弥勒と同じ位にいる。それゆえ正定聚に住している信心の行者は、等覚の菩薩と同じく「如来と等しい」ともいうのである。

浄土真宗の信心の行者は、死ぬまで浅ましい煩悩を抱え、さま

ひとしと申すこともあるべしとしらせたまへ。
（親鸞聖人御消息、聖典・七五八頁）

ざまな悪業を造り続ける凡夫の身ではあるが、如来の智慧と慈悲を信心としてたまわっているのであるから、その心は如来と等しい。それゆえ信心の行者を「如来と等しい」ということもできると承知して下さい。

解説

弥勒と同じ

親鸞は、念仏の衆生は如来の智慧の徳であるような金剛の信心を仏になる因として頂戴しているから、一生補処《いっしょうふしょ》の菩薩と同じ位であるといわれる。一生補処とは、ただ今の一生が終われば、次の生において仏の座を補う、すなわち仏に成るような地位にある菩薩ということで、菩薩の最終段階の位を表わす言葉であった。そしてその典型が釈尊の後継者である弥勒菩薩だったから「補処の弥勒」といわれ、当来仏であるというので弥勒仏ともいわれてきた。信心の行者は、その弥勒と同じ位であるといわれたのである。

もっとも弥勒菩薩は今は兜率天《とそつてん》にいて、五十六億七千万年の一生を送るといわれているから、その後でなければ仏にはなれないわけである。それにくらべれば念仏の衆生は、もうわずかしかないこの一生を終われば、仏になるのであるから、その意味では弥勒菩薩よりも速やかに成仏することができるわけである。『正像末和讃《しょうぞうまつわさん》』に、

五十六億七千万
弥勒菩薩はとしをへん
まことの信心うるひとは
このたびさとりをひらくべし
（聖典・六〇四頁）

といわれたものは、その心を述べられたものである。

等と同

ところで親鸞は、信心の行者は「弥勒と同じ」位であるとはいうが、「如来と同じ」とは決していわれない。仏教では、「等」と「同」とを同じ意味で用いる場合と、「等」を「ほとんど同じ」という意味に用いて「同」と区別する場合とがあった。その典型的な例が「等覚《とうがく》」という用語であった。仏陀のことを等覚とか等正覚《とうしょうがく》という場合は「万物平等の真理をさとった者」という意味で、この場合の等は平等であるから同の意味になる。しかし菩薩の最高位を等覚とか等正覚という場合は「正覚者（果位）である仏陀とほとんど同じ徳をもつ菩薩（因位）」という意味で、等は「ほとんど同じ」ということであった。そこで菩薩の行位を表わすときには、菩薩の最高位を等覚といい、仏陀の位を妙覚と呼んで区別していた。

如来と等し

今も念仏者は等覚の菩薩である弥勒と同じ位であるということを「如来と等しい」といわれているのであって、決して「如来と同じ」になっているというのではない。念仏者は仏になる因が円満しているという意味では因位の菩薩としては最高の位（等覚であってしかも一生補処の菩薩）にあるが、それはどこまでも因の位であって、仏という果の位ではない。

徳の完成者を表わす称号である仏陀という名は、煩悩はもちろん、少しでも無明《むみょう》（真理に対する無知）が残っているものには許すことはできない。ましてこの世に生きているかぎり煩悩具足の凡夫でしかあり得ない念仏者は、どこまでも救済されるべきものであって、救済者にはなり得ない。どこまでも仏陀を念じ、仏徳を讃仰するものであって、どんな意味であれ仏陀という名を自身の上で用いたり、救済者の立場に立つことを厳しく誡めたのが親鸞であった。（本書・六六頁参照）

しかし念仏者が如来より頂戴している徳は尊高である。煩悩具足の凡夫でありながら、往生は一定《いちじょう》と言いきる身にしていただいたのは如来の智慧をいただいているからであった。その智慧の徳は仏の功徳に違いない。しかし念仏者は仏陀の功徳を仏陀になる因として頂戴しているのである。たとえば大豆の種は、昨年の収穫の因果からいえば果実であるから果である。しかしそれを種として畑に蒔《ま》くならば、今年の大豆の収穫の因種になるようなものである。大豆の種を蒔かなければ大豆の果は得られないように、仏陀の智慧と慈悲を因としなければ仏陀になることはできないのである。念仏者は如来の果徳を成仏の因としていただいているのである。

尊厳なる者

仏陀ではないが仏陀の智慧をいただいているから、ただの凡夫ではなくて、涅槃の浄土の実現を約束されている一生補処の菩薩といわれるような尊厳極まりない存在である。

『観経』に仏陀の徳を讃える言葉であった分陀利華《ふんだりけ》（白蓮華）の喩《たと》えをもって念仏者を讃え、善導は真の仏弟子であると讃嘆されたのであった。それゆえ念仏者は、互いに深い尊敬の思いをもって相対すべきであると親鸞はいわれるのであった。『親鸞聖人御消息』（聖典・七四〇頁）に「同行《どうぎょう》をもあなづりなんどしあはせたまふよしきき候ふこそ、あさましく候へ」と戒め、また「とも同朋《どうぼう》にもねんごろにこころのおはしましあはばこそ、世をいとふしるしにても候はめとこそおぼえ候へ」といって、同行を軽蔑することなく、道の友として親密であれと勧められたのも、そのゆえであった。

五逆謗法を除く

五逆の罪人を嫌い、誹謗の重きとがを知らせんとなり

原文

「唯除《ゆいじょ》五逆《ごぎゃく》誹《ひ》謗《ほう》正法《しょうぼう》」といふは、「唯除」といふはただ除くといふことばなり、五逆のつみびとをきらひ、誹謗のおもきとがをしらせんとなり。このふたつの罪のおもきことをしめ

現代語訳

第十八願の最後に「ただ、五逆罪を造り、正法《しょうぼう》を謗《そし》る者は救いから除く」といわれている。そこに唯除《ゆいじょ》といわれているのは、ただ除くという言葉である。五逆罪を造る者を嫌い、正法を謗ることが、いかに重い罪であるかということを知らせようとされた言葉である。このように、五逆罪と、正法を謗ること

して、十方一切の衆生みなもれず往生すべしとしらせんとなり。
(尊号真像銘文、聖典・六四四頁)

が重罪であることを思い知らせることによって、自らの罪を罪として認めさせ、回心《えしん》させて、十方世界の一切の衆生を一人も漏れなく救い取ろうとされた御言葉である。

解説

五逆罪

第十八願のこの文章を善導は抑止門《おくしもん》といわれた。本願を信じ念仏する者は必ず浄土に迎え取るが、五逆罪を作り、正法《しょうぼう》を誹謗《ひぼう》する者は除外すると往生を抑え止められているからである。ここにいわれた五逆罪とは、五種類の反逆罪ということである。悪意をもって父を殺し、母を殺し、煩悩を断ち切った聖者である阿羅漢《あらかん》を殺し、また悪意をもって仏に傷をつけてその身より血を出だし、和《なご》やかな修行者の集いであるサンガ(教団)を攪乱《かくらん》することをいう。それは、この世では一ばん深い恩を受けている父や母に反逆して、恩を仇で返すから逆罪というのである。また阿羅漢や仏やサンガは、自分にとっても、また人びとにとっても大切な心の拠りどころであり、永遠の安らぎを与えてくれる安息所となってくれるものであるのに、それを敵意をもって殺したり、傷つけたり、攪乱することは、自分や人の心の拠りどころを抹殺する反逆罪を犯しているから逆罪というのである。

こうして五逆罪を犯す者は、自らの「いのち」の拠りどころを自らの手で切り崩し、自分の心の安らぎ場所を自分で破壊していくのであるから、永久に安らぎを得ることができなくなる。経論に五逆罪を犯した者は、頭を下にし、足を上にした姿勢で無間《むけん》地獄（一瞬のひまもなく苦しみを受ける世界）に堕ちていくといわれたのは、自分の幸せを求めながら、自らの安らぎを破滅していくような行動をしていることを知らせようとしたものである。

誹謗正法

正法を誹謗するとは、仏法を謗《そし》り、その真理性を否定することである。曇鸞《どんらん》は、「仏を否定し、仏の教えの真理性を否定し、仏の教えにしたがって、さとりの道を実践している菩薩を否定し、菩薩の生き方の真理性を否定する者を謗法《ほうぼう》という」といわれていた。そして五逆罪よりも、むしろ正法を否定する謗法罪の方がもっと重い罪であるといわれていた。

仏陀（ブッダ）とは、覚者とも、正覚者《しょうがくしゃ》とも訳されているように、自ら真実に目覚め、迷える人びとを真実に目覚めさせる方という意味の尊称であった。天地を貫く正しい道理をさとって生死《しょうじ》を超え、人びとに生と死のまことの意味を知らせる方であった。したがってその教えである仏法（仏教）は、万人がそれによって、自他ともにまことの安らぎを実現することのできる正しい理法であった。また菩薩とは、仏陀の御教えにしたがって、まことの道を実践している修行者である。そしてその実践の体系を菩薩法と呼ぶ。布施《ふせ》（人々へのほどこしの実践）・持戒《じかい》（生活の慎み）・忍辱《にんにく》（苦難に堪え忍ぶ）・精進《しょうじん》（努め励む）・禅定《ぜんじょう》（精神の集中）・智慧《ちえ》（自己中心的なとらわれを離れた正しい見解）という六波羅蜜（六度・さとりの完成に向かう六つの実践法）がその典型的なものであった。この六波羅蜜は法蔵菩薩の修行の内容として、『大経』には説かれており、南無阿弥陀仏にこめられた行徳とみなされている。ともあれ正法を誹謗するとは、このような仏法・菩薩法を否定することであった。

こうして正法を謗り否定することは、自ら道理を見失って迷いを深めていくだけではなく、人びとの心から正しい人生観の基準を奪い、道理の感覚を失わせることを意味していた。道理の感覚を失い、正しい生き方がわからなくなった者は、まるでハンドルが壊れ、ブレーキが故障した自動車が暴走しているようなものである。我欲のおもむくままに暴走を繰り返し、他者をも巻き込んで、自他ともに破滅の道を歩むことになる。

たしかに五逆罪は天地に容れられない重罪であるが、その根源には、正法を誹謗するということがあったからだと曇鸞はいわれていた。なすべきことと、なしてはならないこととを全身をもって判別する道理の感覚を教えるのが正法であるのに、それを否定するならば道理の感覚は麻痺し、是非の見極めがつかなくなる。そこから五逆罪も起こってくるのである。こうして正法を誹謗し、五逆を造っている者は、仏法のない世界に生きているのであるから、当然浄土を願うこともないし、仏に救いを求めることもあり得ないのである。ことさらに「除く」という必要すらないといわねばならない。

回心すれば みな往く

それにもかかわらず第十八願に、あえて「ただ、五逆を造り、正法を謗る者は救いから除く」といわれているところに重大な仏意が隠されていると見られたのが親鸞であった。

それはこの除くという言葉は、「仏が五逆罪を造る者を嫌い、正法を謗ることがいかに重い罪であるかということを知らせようとして、ことさらに仰せられたものである」といわれたところに表われている。

正法を誹謗し、我欲に狂わされて五逆を造っている者は、それが非道であるとも悪行であるとも思っていないわけである。特に仏教を誹謗する人びとの多くは、むしろ自分のいっていることが正しいと信じている一種の確信犯である。その人びとに対して、ことさらに「除く」ということによって、彼らにその罪の重さを思い知らせるためであるというのである。自分が阿弥陀仏の救いからさえ除かれるほどの罪を造っているのだという罪の意識を喚起する言葉が「除く」という言葉であるというのである。

こうして自らの罪に気づき、罪を罪と認めるようになったとき、その人はすでに仏の教説の真理性を認めたことになり、仏法の枠内に転入していることになる。自らの罪の深さを認め、その申し訳なさに気づいて回心《えしん》し慚愧《ざんぎ》する人は、どれほどの罪業を抱えている者であっても、その罪障を転換して救いたまう阿弥陀仏の大悲の本願の御はからいをたのむ身になっていく。善導はそのことを「仏願力をもつて、五逆と十悪と罪滅し生ずることを得しむ。謗法も闡提《せんだい》(無信のもので、善を全く持たない者)も、回心すればみな往く」といわれていた。そのことを親鸞は「このふたつの罪のおもきことをしめして、十方一切の衆生みなもれず往生すべしとしらせんとなり」と仰せられたのであった。

悪人が救われるということは、悪人が自らの悪を明確に認め、その申し訳なさを深く恥じて、自らをたのむ自力の心を捨てて、本願の御はからいに身をゆだねていくという回心がなければならないのである。この場合、回心とは、人間を中心とした価値観をさしおいて、如来の御教えを自身のものの考え方の中心にもつようになることである。救われるということは、新しい価値観が与えられることであり、新しい人生観が確立していくことであった。

親鸞は、第十八願の「除く」という厳しい抑止の御言葉の中に、私ども人間の驕慢《きょうまん》な心を打ち砕いて、自らの罪障に気づかせ、回心させて救い取ろうと、はかられた阿弥陀仏の巧みな「救い」の手だてを確認していかれたのであった。

阿弥陀仏の薬

三毒をも少しずつ好まずして、阿弥陀仏の薬をつねに好みめす身となりておわしましあうて候うぞかし

原　文

まづおのおの、むかしは弥陀のちかひをもしらず、阿弥陀仏をも申さずおはしまし候《そうら》ひしが、釈迦・弥陀の御《ご》方便《ほうべん》にもよほされて、いま弥陀のちかひをもききはじめておはしります身にて候ふなり。もとは無明《むみょう》の酒に酔《え》ひて、

現代語訳

まずあなた方は、昔は阿弥陀仏の誓願のましますことも知らず、阿弥陀仏の御名を称《とな》えることもなく、煩悩に埋もれた日を過ごしておられましたが、釈尊と阿弥陀仏の巧みなお導きのお陰で今日では阿弥陀仏のお誓いを聞き始めておられる身であります。

酒に酔いつぶれて本心を失ったものが、毒を毒とも気づか

貪欲《とんよく》・瞋恚《しんに》・愚痴《ぐち》の三毒をのみ好みめしあうて候ひつるに、仏《ぶつ》のちかひをききはじめしより、無明の酔ひもやうやうすこしづつさめ、三毒をもすこしづつ好まずして、阿弥陀仏の薬をつねに好みめす身となりておはしましあうて候ふぞかし。

（親鸞聖人御消息、聖典・七三八頁）

ずに好んで食べるように、以前は真実に背いた誤った見解（無明）によって、貪欲《とんよく》（我欲）や、瞋恚《しんに》（怒り）や、愚痴《ぐち》（おろかさ）といった三毒ばかりを好んでいましたのに、仏のお誓いを聞き始めてからは、酔いが少しずつさめるように、真実に背いた考えの過ちに少しずつ気づくようになり、三毒の煩悩の浅ましさを知らされて、少しずつ煩悩を好まないようになり、阿弥陀仏からいただいた本願の念仏という妙薬を好んで、つねに称える身になっておられるはずです。

解説

造悪無碍《ぞうあくむげ》

建長四年二月二十四日付けの親鸞の書状がある。八十歳になられた親鸞が常陸の門徒集団に宛てて出された消息である。そのころ常陸の念仏者の中で、「造悪無碍」と呼ばれる異義が起こって、人びとを混乱させ世間の人びとからも非難されるという事態が起こったようである。造悪無碍というのは、「思いのままに悪を造っても差し支えがない」と主張する反倫理的、反社会的な言動をする一派をいう。阿弥陀仏はどのような悪人も障《さわ》りなく救うと仰せられているのであるから、私どもは思いのままに生きたらいいのであって、悪を慎んだり、善いことをしなければならないなどというのは、阿弥陀仏の無碍の救いを疑う自力の行者である、私どもは、死ぬまで煩悩具足の凡夫であって、善くなるはずのないものであるから、悪を慎み、善を励むというようなことは他力をたのむ者の取るべき態度ではないといったのである。

それはまさに阿弥陀仏の慈悲を笠に着て、我欲をほしいままにし、わがまま、気ままを正当化する恐るべき邪見であった。すでに法然も「悪を造る身なるがゆゑに念仏をもうすなり。悪をつくらん料に念仏を申すにあらず。心をうべきなり云々《うんぬん》」(醍醐本『法然上人伝記』所収法語)といわれていた。私どもは地体が煩悩具足の凡夫であるから、悪縁に触れれば悪業を犯し、自他ともに苦悩に沈んでいくような哀れな存在である。それゆえ如来は愚悪の凡夫のために、念仏という真実の道を選び定めて救い取ろうと願われているのである。その深い如来の大悲の御心を知らされた者は、わが身の愚悪を慚愧しつつ、如来よりたまわった本願の念仏の大道をいのちのかぎり歩み続けるのである。それは如来に背く者を暖かく包んで念仏の衆生に育てて下さった如来の大悲本願のかたじけなさに感動し応答している姿であった。それを、念仏さえしておけば悪業も帳消しになるように思い、安心して悪業を働くために念仏するように心得違いをしている者がいるが、まことに悲しいことであると法然はいわれるのである。

念仏は免罪符ではない

本願の念仏は、称えさえすれば罪が帳消しになるというような免罪符ではない。すでに述べたように第十八願には、五逆罪を造り正法《しょうぼう》を誹謗《ひぼう》する者は救いから除外するとまでいわれていた。それは如来がいかに五逆罪と正法を謗ることを嫌っておられるかを私どもに知らせることによって、私どもにその咎《とが》の重さを思い知らせるためであった。それは如来に背いた生き方をしている私どもを厳正に批判し、罪を罪と思い知らせて慚愧を生ぜしめ、回心《えしん》させ、仏道によみがえらせようとされた起死回生の手段だった。それは本来ならば仏道の死骸として見捨てられてしかるべき罪業の凡夫に、自らの罪の深さを認めさせ、仏法の真実を信知させることによって、真の仏弟子として蘇らせる大悲の智慧の働きだったのである。

そこからは、「悪は思うさまに振る舞え」というような造悪無碍の思想や行動が生まれるはずがない。それはまるで「薬があるから毒を飲め」と勧めているような愚行であると親鸞はいわれるのである。同じ「御消息」の中に、

酔《え》ひもさめぬさきになほ酒をすすめ、毒も消えやらぬに、いよいよ毒をすすめんがごとし。薬あり、毒を好めと候ふらんことは、あるべくも候はずとぞおぼえ候ふ。仏の御名《みな》をもきき念仏を申して、ひさしくなりておはしまさんひとびとは、後世《ごせ》のあしきことをいとふしるし、この身のあしきことをばいとひすてんとおぼしめすしるしも候ふべしとこそおぼえ候へ。

といわれたものがそれである。「いい薬があるから」といって毒を勧めるということは、毒の恐ろしさを知らない者のいうことである。自他のいのちを損なう毒薬の恐ろしさを身にしみて思い知った者ならば、薬の尊さに感謝するとともに、毒になるものは慎もうと精一杯努めるべきではないかと誡められているのである。

こうして本願を信じ念仏する者には阿弥陀仏の大悲に対する深い感謝とともに、自分の愚悪に対する深い慚愧の心が呼び覚まされてくる。その感謝と慚愧の心が原動力となって、力のかぎり身を慎み、如来の大悲に応答しようとする新しい生き方が始まる。そこから念仏者の倫理が生まれるのである。親鸞が同じ「御消息」の中に、

念仏者の倫理性

仏《ぶつ》を信ぜんとおもふこころふかくなりぬるには、まことにこの身をもいとひ、流転せんことをもかなしみて、ふかくちかひをも信じ、阿弥陀仏をも好みまうしなんどするひとは、もとこそ、こころのままにてあしきことをもおもひ、あしきことをもふるまひなんどせしかども、いまはさやうのこころをすてんとおぼしめしあはせたまはばこそ、世をいとふしるしにても候はめ。また往生の信心は、釈迦・弥陀の御すすめによりておこるとこそみえて候へば、さりともまことのこころおこらせたまひなんには、いかがむかしの御こころのままにては候ふべき。

といわれたのは、そのゆえである。本願を聞き始めた者が、自分の身心の罪悪に気づいてたじろぎ、救いを疑っているような人に対してこそ、煩悩を具足している凡夫を救うと仰せられている本願であるから、わが心の善し悪しを問題にしないで、必ずお救い下さると思い取りなさいと教えていくのである。しかし「仏の本願を信じようと思う心が深くなれば、煩悩の身の浅ましさを厭《いと》う思いも深くなり、悪業に引かれて永く流転を続けていく身であったことを悲しく思うようになる。そして深く阿弥陀仏の本願を信じ、仏の御名を喜んで称えるようになった人が、どうして以前のような心でいられよう。本願を聞

く前であれば、煩悩の心のままに善くないことも考え、してはならない悪事も平気でしたけれども、本願を聞いた今は、そのような心を捨てようと考えてこそ、この世を厭い離れようと思う心がある証《あか》しであるといえよう。また往生の信心は、釈尊と阿弥陀仏のお勧めによって起こった真実の心であるといわれているが、まことの心が起こっておられるからには、いくら何でも昔のままの状態であることがどうしてできようか」というのである。そこには本願を聞く以前の精神状況と、本願に導かれている念仏者の精神状況には、大きな転換があり、行動基準が違ってくるといわれているのである。

私どもの日常生活は自己中心的な想念に支配されているが、それを悲しみ、慚愧する念仏者には、如来の大智大悲の御心に立ち返って見直すという心の転換が繰り返される。人間の心で見るときは愛すべきものと憎むべきものとが截然《せつぜん》と分かれているが、如来は、みな平等にかけがえのない大切な仏子であると見そなわすことを知らされる。そこから見れば、私どもは互いに兄弟であり、御同朋《おんどうぼう》であることに気づくようになる。そしてわずかずつであっても自己中心の想念を反省し、煩悩を厭い、如来の御心にかなうような物の見方、生き方をしようと努めるようになってくる。それゆえ親鸞は「御消息」の中で、

としごろ念仏して往生ねがふしるしには、もとあしかりしわがこころをもおもひかへして、とも同朋にもねんごろにこころのおはしましあはばこそ、世をいとふしるしにても候はめとこそおぼえ候へ。

（聖典・七四二頁）

と誡め、念仏者としての「しるし（あかし）」が強く求められていた。

自然法爾

自然というは、
もとよりしからしむるという言葉なり

原文

「自然《じねん》」といふは、もとよりしからしむるといふことばなり。弥陀仏《みだぶつ》の御《おん》ちかひの、もとより行者《ぎょうじゃ》のはからひにあらずして、南無阿弥陀仏とたのませたまひて迎へんと、はからはせたまひたるによりて、行者のよからんとも、あしからんともおもはぬを、自然《じねん》とは申すぞとききて候ふ。

（親鸞聖人御消息、聖典・七六八頁）

現代語訳

自然《じねん》とは、（本願力の）本来的な働きによって、そのようにあらしめる（本願に背《そむ》いているものを、本願にかなった在り方に転換させる）働きを表わす言葉である。阿弥陀仏の衆生救済の御ちかいは、もともと行者の願いによって起こったものではなく、如来の自ずからなる働きによって起こったものであって、南無阿弥陀仏（阿弥陀仏にまかせたてまつる）と、本願他力をたのませて、浄土へ迎えとろうと、御はからい下さっていることであるから、私ども行者が、善かろうとも、悪かろうとも思いはからわないことを自然というのであると聞いている。

解説

自然法爾章《じねんほうにしょう》

「自然法爾章」と呼ばれているこの法語は、『親鸞聖人御消息』第十四条(『末灯鈔』第五条)に収録されている。ところで真宗高田派の本山専修寺《せんじゅじ》に伝わっている顕智《けんち》書写本によると、正嘉《しょうか》二年(一二五八)十二月、下野国《しもつけのくに》高田の顕智が、はるばる上洛して京都の三条富小路の善法坊(親鸞の舎弟、尋有の住坊)に寄寓されていた親鸞に会い、直接お聞かせにあずかった法語であると顕智自身が記している。これによって親鸞八十六歳の暮れに、顕智の問いに答えられた法語であったことがわかる。顕智本とほとんど同じ「自然法爾章」が、文明版『三帖和讃《さんじようわさん》』の最後に収録されている。しかしそこには「親鸞八十八歳御筆」と記されているから、あるいは親鸞が八十八歳のときに書写された法語を底本にしたものかも知れない。

顕智本や文明本によると、初めに「獲得名号」についての解説がなされ、続いて自然の解説がなされているから、顕智がたずねたのは「獲得名号自然」あるいは「獲得名号自然法爾」という言葉であったようである。しかしその言葉の拠りどころはわからない。『末灯鈔』本には、「獲得名号」の解説の部分が省略されている。また自然法爾の説明の部分も、内容には変わりはないが、文言に少し出没があるから、このような形式で門弟に与えられた写本もあったのであろうか。いずれにせよ親鸞の最晩年の信心の味わいが見事に語り尽くされている珠玉のような法語である。

自《おの》ずからしかり

「自然」は、もともと中国の老荘が好んで用いた言葉で、たとえば老子が「道は自然に法（のっと）る」といい、荘子が「物の自然に順《したが》いて私を容《い》るること無くんば、天下治まらん」というように、人工の加わらない、物の本来のありようを意味していた。それが仏教に取り入れられ、「真如」「涅槃」と同じように人間のはからいを超えた無分別智の領域を表わす言葉として用いられるようになった。すなわち「自然」とは、人間の思慮分別を超えた絶対的な真実の領域を表わす言葉であった。

自然法爾章の後半の部分に「無上仏《むじょうぶつ》と申すは、かたちもなくまします。かたちもましまさぬゆゑに、自然とは申すなり」といわれているのがそれである。無上仏（最高の仏陀）とは、無分別智をもって完全に二元的な対立を超越した究極のさとりであるから、私どもが自己中心的な想念（虚妄なる分別）によって截然《せつぜん》と分けへだてをして描き出しているような「かたち」はない。自と他、生と死、善と悪、浄《じょう》と穢《え》というような、限定された姿、かたちを超えているからである。その無上仏の境地こそ、本来のあるべきありようであるから、真如ともいい、「自然（おのずからしかり）」ともいうのである。また「法爾」は、「法爾道理」という仏教用語から出たもので、法の自爾（おのずからしかり）ということで、すべてのものがそのもの固有の理法にしたがって存在しているということであった。したがって自然も法爾も、どちらも人間のはからいを超えた真実の世界を表わす言葉として、「自ずから然《しか》り」「法として爾《しか》り」と読むべき言葉であった。

自然のようを知らせる

ところが親鸞は、このような無上仏あるいは無上涅槃といわれる自然の領域こそ、阿弥陀仏がそこから現われてこられた仏陀の本源であると見られていた。すなわち先の文章に続いて「かたちもましまさぬやうをしらせんとて、はじめて弥陀仏と申すとぞ、ききならひて候ふ。弥陀仏は自然のやうをしらせん料《りょう》なり」といわれたものがそれである。親鸞によれば、真実の世界は、真実に背いたありようをしている私どもを真実に目覚めさせようとして絶えず働きかけているというのである。

そのために言葉を超えた領域を巧みな言葉で表現し、形を超えた世界を微妙なる形で表わして知らせようとしているのが阿弥陀仏であり、安楽浄土の姿であるというのである。すなわち万人を分けへだてなく救うという本願の名号は、人間の思量分別を超えた、生死《しょうじ》一如《いちにょ》、怨親《おんしん》平等という真如・自然《じねん》（おのずからしかり）のありさまを私どもに知らせるための活動の表現であり、それによって私どもを念仏の衆生に育て上げて自然の世界に還らせようとする巧みな手だてだったのである。そのことを親鸞は本願力の自然（おのずからしからしめる）の働きであるといわれたのである。

自ずからしからしむ

それを知らせるために親鸞は「自然」を「おのずからしからしむ」と読まれた。すなわち「自」は、阿弥陀仏の本願の、自ずからなる働きを表わしていて、私ども行者のはからいによって救済が成立するのではないということを示しているという。「然」とは、本願を信じ念仏し往生するのも、行者のはからいでそうしているのではなくて、すべて如来の本願の働きのしからしめるところであるということを「自然（自ずから然《しか》らしめる）」といわれたのであった。

同じことをまた法爾《ほうに》のうえでもいわれる。法爾の法とは、ここでは万人を救って浄土に生まれさせる本願の法則をいい、それによって念仏させ成仏させていくことを法爾（本願の法則として爾《しか》らしめる）というのである。このように法爾は、如来の誓願の働きの法則性を表わしているから、救いについて行者のはからいの入る余地は全くない、ただ本願のすぐれた徳の自ずからなる働き（本願力）によって、万人の救いが成立するということを表わしているというのである。それは法然のいわれる、「他力には、義なきを義とす」ということと同じ意味を表わしていた。本願他力を受け入れるには、聞法者である私のはからいをまじえてはならない（義なき）ということを正しい道理としている（義とす）からである。

阿弥陀仏の本願の自ずからなる御はからいによって、南無阿弥陀仏（阿弥陀仏をたのみたてまつる）と本願をたのませて、浄土に迎え取りたまうのであるから、「これで善いのだろうか」とか、「これでは悪いのではなかろうか」というような、行者の思いはからいをまじえないことを自然というのであると私は聞いているといわれるのである。おそらく法然から聞かれたのであろう。もっとも法然には「法爾の道理」という言葉は伝えられているが、自然法爾という言葉は文献の中には見出すことができない。

このように人間のはからいという理知的な判断の領域を超え、また善悪という倫理的な判断の領域も超えて、「善もほしからず、悪もおそれなし」と、私どものそのあるがままの状態を暖かく包んで、安住の場を与えさせていく他力不思議の世界を親鸞は「自然法爾」といわれたのである。それを教義概念として表わしたのが本願力回向《えこう》であった。

四、『教行証文類』の言葉

法蔵菩薩

法蔵菩薩の因位のとき、世自在王仏の所にましまして

原文

法蔵菩薩《ほうぞうぼさつ》の因位《いんに》のとき、世自在《せじざい》王仏《おうぶつ》の所《みもと》にましまして、諸仏の浄土の因、国土人天《こくどにんでん》の善悪を観見《とけん》して、無上殊勝の願を建立し、希有《けう》の大弘誓《だいぐぜい》を超発《ちょうほつ》せり。

（行文類、聖典・二〇三頁）

現代語訳

阿弥陀仏がまだ法蔵菩薩《ほうぞうぼさつ》という修行者であったとき、世自在王仏《せじざいおうぶつ》という如来のみもとにおいて、一切の衆生を分けへだてなく救済しようという大悲の心を起こし、その救済の方法を見極めるために、あらゆる仏陀たちの国々を精密に観察していかれた。

一一の仏国土《ぶっこくど》について、それがどのような願いをもとにして完成し、どのような特徴をもっているか、仏陀たちはどのようにして衆生を救済しようとされているのかを観察されたのである。そしてそれぞれの長所と短所を見極めたうえで、どの仏陀たちの国にも超《こ》え

勝《すぐ》れた浄土を完成し、かつてどの仏陀も実現できなかった万人を平等に救いうる道を選び定められた。それはこの上なく勝れた願いであり、他に類例を見ない広大無辺な誓願を発《おこ》されたのである。

解説

聖と俗

『大無量寿経』によれば、久遠《くおん》の昔、一人の国王が世自在王仏《せじざいおうぶつ》という如来の教えを聞いて感動し、国と王位を捨てて無一物の修行者となり、法蔵《ほうぞう》と名乗っていったといわれている。ここには二人の王がいたことに気づくであろう。法蔵菩薩の前身である世俗の国王と、世俗の人びとを救い、世俗を超えさせる世自在王仏という聖なる王とである。そして世俗の王が、聖なる王の教化によって、世俗を捨てて、聖なる領域に転向するという形で法蔵菩薩の出現が説かれているところに深い意味が秘められている。

古代において、国王とは名誉と財力と権力とを独占する最高の地位であった。すべての人が血眼になって、身も心もすりへらすようにしてあくせく求めているのは、名誉欲と所有欲と支配欲の満足であるが、国王とは、それを一手におさめている者である。それゆえ国王は、すべての者の羨望の的になっていたわけである。それだけにまた最も危険な地位でもあった。

その国王が仏法を聞いて、まるで破れ草履《ぞうり》を捨てるように王の地位を投げ捨てて、無一物になって出家したということは、一つは、仏道が開示する真実の領域は、世俗のすべてを捨てても悔いのないほど充実した境地であることを告げている。そして第二には、真実の生き方は、世俗の価値体系を、一度は否定しなければ実現しないことを表わしているのである。したがって法蔵菩薩が建立される極楽浄土というものも、決して世俗の欲望の延長線上にあるものではないことを知らねばならない。極楽浄土は、人間の欲望の空しさと虚偽性を思い知らせる真実の世界だったのである。

世自在王仏と法蔵菩薩

ところで『大経』には国王の名前は説かれていない。捨てていく者の名などは、どうでもいいからであった。それはまた経典に出てくる菩薩や仏の名は、普通の私どもの名前とは違って、深い法義を表わす名称であることを知らせようとして、あえて国王の名は語らなかったのかも知れない。ちなみに、法蔵菩薩の師仏の名の「世自在王仏」とは、世間（世俗の世界）にあって、迷える人々を自在（思いのまま）に救済する仏ということで、王とはその活動の自在性を表わす譬えである。

「法蔵」という名は、「ダルマーカラ」の訳語であるが、ダルマとは「法」、すなわち万人がそれによって生きるべき永遠な真理のことであり、「アーカラ」とは「出生するところ」「源」「蓄積」の意味である。つまり「ダルマーカラ」とは、真理を蓄積し、出生する、真理の源であるような方であることを表わしている。したがって「法蔵」とは、普通の人間の修行者ではなくて、内に蓄えている絶対の真実を、本願の教説を通して、開き表わし、万人に知らせ、真理を万人のものとしていくような方であるという意味を表わす名であった。

菩薩とは、ボーディサットヴァの音写語の菩提薩埵《ぼだいさった》を略した言葉で、自らのさとりの完成だけではなく、生きとし生けるすべてのものを真実に目覚めさせようとして限りなく努め励む修行者のことである。法蔵菩薩のそのような自利と利他の完成を求める営みを菩薩道《ぼさつどう》というが、『大経』には菩薩道の原動力になる誓願を選択本願《せんじゃくほんがん》として説き表わされていた。それは開けば四十八願であるが、要約すれば名号《みょうごう》を信受させ称えさせて一切の衆生を往生させようという独自の救済法を示した念仏往生の願（第十八願）に集約されるような誓願であった。

選択の願心

法然によれば、法蔵菩薩は平等の大悲心にもよおされて、善人も悪人も、賢者も愚者も、出家も在家も、持戒の者も破戒の者も、富める者も貧しき者もすべてを分けへだてなく救って浄らかなさとりの領域である浄土に迎え取ろうと願い立てたという。そのためには善人の善を役立てたり、悪人の悪が邪魔になったりしてはならない。善悪・賢愚・持戒破戒といった一切の差異を超越した道でなければならない。そのような平等の大悲心にかなって選び取られた行が称名念仏であった。

それは称える人の智慧も力も要としない易行《いぎょう》であるから、万人の道となり得るし、阿弥陀仏のすべての徳がこもっている名号をいただいて称《とな》えているのであるから、易行であるだけではなく、最も勝れた行でもあった。易行であるからどんな愚鈍の者も実践することができるし、最勝の行であるから、どんな重罪も転じて最高のさとりを得させる徳をもっていたのである。

こうして法蔵菩薩は、それまであらゆる仏陀たちが勧められていた自力の修行道は、必ず落ちこぼれが出てくるような難行道《なんぎょうどう》であって、平等の大悲にかなわないとして選び捨て、一人も漏れることなく救い得る称名一行を往生の行として選び取られたのである。そこで法然は選択本願の念仏と名づけられたのであった。こうして「お願いだから、念仏して浄土に来てくれ」と、十方の衆生に向かって救いを呼びかけられているのである。それは万人を平等に救って、最高のさとりを得させることができる最高の仏道の成就を誓う願であるから、諸仏に超え勝れた無上殊勝の願であり、希有の大弘誓《だいぐぜい》と讃えられたのである。

往相回向と還相回向

つつしんで浄土真宗を案ずるに、二種の回向あり。一つには往相、二つには還相なり

原文

つつしんで浄土真宗を案ずるに、二種の回向《えこう》あり。一つには往相《おうそう》、二つには還相《げんそう》なり。往相の回向に

現代語訳

つつしんで浄土真宗という教えを拝察すると、それには二種の回向《えこう》がある。一つは浄土に生まれて往くありさまである往相《おうそう》であり、もう一つは穢土《えど》に還《かえ》ってくるありさまである還相《げんそう》である。そ

ついて真実の教行信証あり。
（教文類、聖典・一三五頁）

の往相の法義として与えられているものに、真実の教・行・信・証がある。

解説

本願力回向《えこう》

親鸞によれば浄土真宗とは阿弥陀仏の第十八願の教えのことであったが、主著の『教《きょう》行証文類《ぎょうしょうもんるい》』は、その浄土真宗とは何かということを六巻に分けて広く顕《あら》わしていかれた書であった。その初めにこれから顕わそうとする浄土真宗の教義の綱格を示されたのが上掲の文章である。それによれば、浄土真宗とは本願力回向と呼ばれる法義を軸として展開していく教法の名称であって、それを開けば往相《おうそう》・還相《げんそう》の二相となり、教・行・信・証という往相の四法として表わされるといわれていた。これによって親鸞の教えの特色は、本願力回向という言葉をもって阿弥陀仏の救済活動を表わされたところにあったということがわかる。

本願力回向の本願とは、阿弥陀仏が因位《いんに》法蔵菩薩であったときに誓われた衆生救済の願いのことであるが、とりわけ四十八種の誓願の根本である第十八願を指していた。その願いが、永劫の修行によって完成し、願いの通りに生きとし生けるすべてのものを救済する絶対的な救済力が成就していることを本願力というのである。回向とは、自身が修行して獲得した功徳を特定の目的のために転用することであるが、ここでは、願った通りに自らの功徳を人びとにほどこし与えて救うことで、阿弥陀仏の本願力の活動するありさまを具体的に示す言葉であった。要するに阿弥陀仏が、自ら完成された大智大悲の徳のすべてを南無阿弥陀仏という御名にこめて、万人にほどこし与えて救いたまうことを本願力回向といわれたのである。

往相・還相

そのような本願他力の救済活動が具体的に人びとの上に現われてくるありさまに、往相と還相という二種があるといわれる。往相とは、「往くありさま」ということで、私どもが如来に救われて浄土に生まれて往くありさまのことである。すなわち『大無量寿経』の教え（教）を聞いて、南無阿弥陀仏という行（行）を選択して与えたもうた大悲の本願を疑いなく信じ（信）、如来に護られながら念仏の人生を送る者には、この一生を終われば必ず浄土に生まれて完全なさとり（証）が与えられる。このように煩悩を具足している凡夫である私どもが、念仏の衆生に育てあげられ、煩悩が完全に消滅する涅槃の浄土に向かう人生を歩んでいるありさまを往相というのである。その念仏者の姿こそ如来の救済活動（本願力）が人びとの上に具体的に実現しているありさまであるというので、それを如来は本願力をもって私どもに往相を回向されている（往相回向）というのである。

還相とは「還ってくるありさま」ということで、浄土に往生して真実に目覚め、仏陀となったものが、即座に大悲を起こして、煩悩の渦巻く世界に還ってきて、さまざまな姿を現わして思いのままに人びとを救い、迷える人びとを往相の人に転換していくことを還相というのである。このように還相することもまた如来の本願力の働きであるというので、如来は本願力をもって私どもに還相を回向されている（還相回向）というのである。

真宗に遇《あ》う

こうして如来の本願力の働きは、今まで「生まれて死ぬもの」という枠組みの中でしか自分の存在を考えられなかった私どもに、生と死を超えたさとりの領域から新しい意味と方向を与えてくれる。本願力の躍動的な往相・還相の働きに身をゆだねることによって、私どもは人生を念仏の道場とみなし、死を浄土のさとりの開ける法縁と受け取るとともに、そこから開けゆく還相の限りない「いのち」の躍動を感ずることができるようになる。それを浄土真宗に遇うといい、救いにあずかるというのである。親鸞は『高僧和讃』に、

弥陀の回向《えこう》成就して
往相・還相ふたつなり
これらの回向によりてこそ
心行《しんぎょう》ともにえしむなれ
（聖典・五八四頁）

といわれている。心行とは、信心と念仏のことであって、本願を信じ念仏すること自体が如来の往相回向のたまものであるとともに、還相の菩薩たちのお育てのたまものであった。そしてそれこそ阿弥陀仏の救済活動に包まれているしるしであるというのである。

真実の教

それ真実の教を顕わさば、
『大無量寿経』これなり

原文

それ真実の教を顕《あらわ》さば、すなはち『大無量寿経』これなり。この経の大意は、弥陀、誓《ちかい》を超発《ちょうほつ》して、広く法蔵《ほうぞう》を開きて、凡小《ぼんしょう》を哀れんで選んで功徳《くどく》の宝《ほう》を施《せ》することを致す。釈迦、世に出興《しゅっこう》して、道教を光闡《こうせん》して、群萌《ぐんもう》を拯《すく》ひ恵むに真実の利をもつてせんと欲《おぼ》すなり。ここをもつて如来の本願を説きて経の宗致《しゅうち》とす、すなはち仏の名号をもつて経の体とするなり。

（教文類、聖典・一三五頁）

現代語訳

さて真実の教を顕《あら》わすならば、それは『大無量寿経』である。

この経の内容を要約すれば、阿弥陀如来があらゆる仏陀に超え勝れた誓願を起こし、万人を平等に救うために広く真理の蔵を開いて、わけても愚かな凡夫を哀れんで、功徳の宝である名号を往生の行として選び取ってほどこされていることを明かされている。

釈尊はこの世に出現して、多くの経典を説かれるが、特にこの経を説いてすべての者に真実の利益を恵み与えることを本意とされているのである。それゆえ阿弥陀如来の本願を説くことがこの経の教えの中心であり、仏の名号をこの経の本体とするのである。

解説

大無量寿経

親鸞の教えの特徴の一つは、法然が浄土宗の拠りどころとして挙げられた浄土三部経(大無量寿経・観無量寿経・阿弥陀経)の中でも、特に『大無量寿経』を真実の教とし、この経に説かれている教法を浄土真宗と名づけられたということである。『教行証文類』の最初の「教文類」は、そのことを宣言する巻であった。

教とは、正しい道理を説いて人々をさとし、導くことである。ところで仏教で「教」というとき、教えの言葉(言教)を意味する場合と、そこに説き表わされている正しい道理(教法)を意味する場合とがあるが、今は教えの言葉、すなわち経典のことを「教」というのである。それゆえ「教文類」の初めには「それ真実の教を顕さば、すなはち大無量寿経これなり」といわれたのである。

本願を宗とす

「教文類」には、初めに『大無量寿経』の大意を述べたあと、それをまとめて、「ここをもつて如来の本願を説きて経の宗致《しゅうち》とす、すなはち仏の名号をもつて経の体とするなり」といわれている。「経の宗致」とは、この経典に説かれている教えの肝要をいい、「経の体」とは経典の本体・本質のことである。すなわち『大無量寿経』の本体は名号であり、この経に説かれている法義の中心は阿弥陀如来の本願であるといわれているのである。

本願とは阿弥陀仏が一切衆生の究極の安穏を願って起こされた大悲・智慧の願いのことで、広くいえば四十八願であるが、それは第十八願に集約するから、ここでは第十八願を指して本願といわれたと見るべきある。もっとも『教行証文類』は、第十八願の内容を第十七願（教と行）、第十八願（信）、第十一願（証）、第十二願・第十三願（真仏・真土）に開いて顕わされているから、本願という言葉は、厳密にいうと、この五願を総括しているような第十八願のことであったというべきであろう。

名号を体とす

「仏の名号」とは南無阿弥陀仏のことである。阿弥陀仏の第十七願には、

たとひわれ仏《ぶつ》を得たらんに、十方世界の無量の諸仏、ことごとく咨嗟《ししゃ》して、わが名を称せずは、正覚《しょうがく》を取らじ。（大無量寿経、聖典・一八頁）

と誓われている。十方の諸仏に、名号を称揚（ほめあげ）、讃嘆（ほめたたえ）させて、十方の衆生に阿弥陀仏の救いを聞かせようというのである。この誓願に応じて釈尊はこの経を説かれたわけであるから、『大無量寿経』は、名号を説く経典だったのである。言いかえればこの経は、阿弥陀仏の本願による救済の因果、いわゆる「仏願の生起本末《しょうきほんまつ》」を詳しく説いて、南無阿弥陀仏という名号のいわれを私どもに知らせる経典なのである。

阿弥陀仏は一切の衆生を平等に救って、自分と同じさとりの境地に至らせるために、如来の徳のすべてを名号にこめて与えようと誓願されていた。この本願によって成就された名号は、『大無量寿経』という真実の教となって一切の衆生に与えられ、衆生の行となり、信となり、証となって救いを実現していくのである。言いかえれば第十八願の内容を教・行・信・証・真仏・真土と開いて説く『大無量寿経』は、仏の名号の展開するありさまだったから、この経の本体は名号であるといわれたのである。

出世の本懐

「真実の教」とは「方便の教」に対する言葉で、仏の本意を説き顕わした経典という意味である。方便の教とは、直ちに如来の真意を受け入れることのできない未熟の者を育てるための教育的手段として説かれた教えのことである。それは仏が本意は隠して、相手の理解力（機《き》根《こん》）に応じて説かれたものであるから、究極の教えではなく仮にしばらく用いられるだけの権仮《ごんけ》の教えであるといわれるのである。仏の本意を顕わす真実の教えが説かれるならば、権仮方便の教えは捨てられねばならない。こうして真実の教とは、釈尊がこの世に出現された根本の意趣（本意）を顕わす経であるというので、出世の本懐を顕わす経ともいわれている。

したがって『大無量寿経』が真実の教であるといわれたときには、釈尊が一代のあいだに説かれたおびただしい経典の中で、『大無量寿経』だけが釈尊の本意を顕わされた出世本懐の経典であり、そこに説き顕わされている本願の教法は、最高の真実であって、このほかに仏教はないといわれるような「一《いち》乗究竟《じょうくきょう》の極説《ごくせつ》」であるということを宣言していることになる。思うに一切の衆生が善悪・賢愚のへだてなく平等に仏になることのできる道を開くことが、仏の平等の大悲の本意であるとすれば、万人平等の救いを説く『大無量寿経』こそ釈尊出現の本意を開顕する真実の経であるといわねばならないというのである。

真実の利益

『大無量寿経』の序分には、それについて次のように説かれている。釈尊はこの経の説法に先立って、深い禅定《ぜんじょう》に入り、全身が光かがやくというすばらしい瑞相を示された。

そして、そのいわれを尋ねた弟子の阿難に対して、

如来は無蓋《むがい》の大悲をもつて三界を矜哀《こうあい》したまふ。世に出興《しゅっこう》するゆゑは、道教を光闡《こうせん》して、群萌《ぐんもう》を拯《すく》ひ、恵むに真実の利をもつてせんと欲《おぼ》してなり。(聖典・九頁)

と仰せられる。それは「すべての如来は無限の大悲をもって、迷いの境界にいる一切の衆生を分けへだてなく憐れみ、救おうと願っておられる。そうした大悲者がこの世に出現されるのは、この経を説いて、すべてのものに真実の利益を恵み与えようと願ってのことであった」といわれているのである。それは、これから説かれる阿弥陀如来の本願こそ、万人に真実の利益を恵むものであり、釈尊のみならず一切の如来が迷いの境界に出現された本懐であるといわれていることになる。こうして『大無量寿経』が如来の本意にかなった「真実の教」であるということは、釈尊自身が説かれていることであった。

阿弥陀仏が回向された経

ところでこの経は釈尊が説かれたものであるにもかかわらず、親鸞は阿弥陀如来が本願力をもって私どもに回向せられた経であるといわれたのには、二つの理由があった。第一は、釈尊をして『大無量寿経』を説かせたのは阿弥陀仏の第十七願力だったからである。釈尊は十方の諸仏とともにこの第十七願力にうながされて『大無量寿経』を説かれているのであるから、その根源からいえば、阿弥陀仏が第十七願力をもって私どもにこの経を回向されたというべきである。

第二には、親鸞によれば、釈尊は、久遠実成《くおんじつじょう》の阿弥陀仏が、五濁悪世《ごじょくあくせ》の衆生を救うために、人間に

応じて出現された仏であるとみなされていた。それゆえ釈尊の説法は、そのまま阿弥陀如来の説法でもあったのである。それを阿弥陀如来が回向された経というのである。（本書・一二三頁参照）

真実の行

大行とは、すなわち
無碍光如来の名を称するなり

原文

大行《だいぎょう》とは、すなはち無《む》碍《げ》光如来《こうにょらい》の名《みな》を称するなり。この行《ぎょう》は、すなはちこれもろもろの善法を摂《せっ》し、もろもろの徳本《とくほん》を具《ぐ》せり。極速《ごくそく》円満す、真如一実《いちじつ》の功徳宝海なり。ゆゑに大行と名づく。しかるにこの行は大悲の願より出でたり。

（行文類、聖典・一四一頁）

現代語訳

大行《だいぎょう》とは、無《む》碍《げ》光如来《こうにょらい》の名を称することである。この行には、阿弥陀如来が完成されたあらゆる善の徳が摂《おさ》まっており、あらゆる善の根本であるような徳を備えている。しかも極めて速やかに迷いを転じてさとりを開かせる働きをもっており、その本体は、一切の虚妄分別を超えた真如実相そのものであって、海のように広大無辺な功徳の宝である。それゆえ大行と名づけるのである。ところで、このような行は如来の大悲の願（第十七願）によって回向されたもので、人間の心から出たものではない。

解説

真宗の行

浄土真宗には行がないという人がいる。しかし行のないような仏教は存在しない。真宗であっても例外ではない。親鸞は行のない真宗を語ったのではなくて、自力の行を否定されただけである。それは言いかえれば如来そのものであるような、称名念仏という本願の行を与えられていることを慶ばれていたのである。如来よりたまわった本願の行であるから、念仏を偉大なる行と呼び、真実なる行と讃《たた》え、さらに誓願一乗の法であると、言葉を極めて讃嘆されているのである。

大行とは

ところで大行の「大」には、大と、多と、勝との三つの意味があると親鸞はいわれている。大とは「広大」ということで、如来のさとりの領域である真如が一切に遍満しているように、真如の現われである名号の徳は広大無辺であって、一切の衆生を分けへだてなく包んでいることをいう。「真如一実の功徳宝海なり」と名号の性徳（本体の徳）を讃えられたのがそれにあたる。

また多というのは「多い」ということで、名号には如来が成就された無量の徳がことごとく備わっていることで、「もろもろの善法を摂し、もろもろの徳本を具せり」と名号の量徳を讃えられたものがそれである。

勝とは「勝れている」ということで、名号には、それをいただいて称えている者の身に速やかに功徳を円満し、迷いの闇を破り、往生成仏させていく勝れた働きをもっていることをいう。「極速円満す」と、名号の用徳（はたらき）を讃えられた言葉がそれにあたる。こうした名号の徳が、私どもにとどいて躍動しているのが称名であるから、大行といわれるのである。

大行の「行」とは「おこない」という意味である。親鸞は『唯信鈔文意《ゆいしんしょうもんい》』の中で「行」という字に「おこなふとまうすなり」という注釈を加えられているように、行とは「おこない」すなわち行為の意味と見られていたことがわかる。要するに行とは南無阿弥陀仏と称えるという「おこない」のことである。しかしそれはただの行ないではない。本願の念仏は、その本体は真如であるような徳をもっており、私どもの無明・煩悩を消滅させ、涅槃の境地にいたらせるという勝れた働きをもっている「おこない」であるから偉大な行ともいわれ、真実の行ともいわれるのである。

自力の行にあらず

したがって仏の御名を称えるという「おこない」は、凡夫の行ないではないといわねばならない。もし凡夫の行ないならば、さまざまな煩悩がまじっていて、たとえ念仏であっても我欲の変形にしてしまったり、憎しみのまじったそらごと・たわごとの行ないにしてしまうから、煩悩を断ち切って涅槃のさとりをもたらすような徳などあるはずがない。親鸞はそのことを知らせるために「しかるにこの行は大悲の願よりいでたり」といい、私どもの口から出てはいるが、念仏は私どもの妄念煩悩の心から出たものではなくて、如来の「大悲の願」から出てきた清浄真実な「おこない」であるといわれたのである。

称名は、凡夫が称《とな》えていても凡夫の振る舞いではない。如来の本願力が私どもの上に現われ出ているような「おこない」なのである。だから親鸞は「行文類」には「これ凡聖自力《ぼんしょうじりき》の行にあらず」といい、

『浄土文類聚鈔《じょうどもんるいじゅしょう》』（聖典・四七九頁）には「凡夫回向《えこう》の行にあらず、これ大悲回向の行なるがゆゑに不回《ふえ》向《こう》と名づく」といわれたのであった。

凡夫はもちろん、たとえ聖者であっても自力のはからいが少しでもまじわっているならば、その念仏は虚仮《こけ》の行であって大行とも真実行ともいえないのである。言いかえれば称名は、如来が南無阿弥陀仏という御声となって私どもの煩悩生活の中に現われ出て、煩悩に閉ざされている私どもを呼び覚まし、さとりの世界へと向かわせているありさまであって、凡夫の上に現われている如来行なのである。

ところで称名のことをここでは「無碍光《むげこう》如来の名《みな》を称するなり」といわれている。これは曇鸞《どんらん》の『論註』に従った表現であって、「帰命尽十方無碍光如来《きみょうじんじっぽうむげこうにょらい》」と称えることを意味していた。この名号（十字名号）は、「十方世界に満ち満ちていて、生きとし生けるすべてのものを障《さわ》りなく救う絶対の救済力をもっている如来である」という、阿弥陀仏の名乗りが聞こえていることを意味していた。御名を称えていることは、如来の招喚の御声が聞こえてきていることであるとすれば、称名の一声一声は「さわりなく救うぞ」と呼びたまう如来の招喚の説法であるといわねばならない。言いかえれば称名は、そのまま招喚の説法という如来の「おこない」（口業功徳《くごうくどく》）であったというべきである。それゆえ称名は凡夫の上に現われている如来行であるというのである。先哲が、称名の動作はそのまま如来の動作としての意味をもつといわれた所以《ゆえん》である。

本願招喚の勅命

帰命は、本願招喚の勅命なり

原文

しかれば南無《なむ》の言《ごん》は帰命《きみよう》なり（中略）帰命は本願招喚《ほんがんしようかん》の勅命《ちよくめい》なり。発《ほっ》願《がん》回向《えこう》といふは、如来すでに発願して衆生の行《ぎよう》を回施《えせ》したまふの心《しん》なり。即《そく》是《ぜ》其行《ごぎよう》といふは、すなはち選択本願《せんじやくほんがん》これなり。（行文類、聖典・一七〇頁）

現代語訳

さて、南無という言葉は帰命《きみよう》という意味である。帰命とは阿弥陀仏の本願が、私どもに「本願他力をたのめ」と招き喚《よ》び続けておられる勅命《ちよくめい》である。発願回向《ほつがんえこう》とは、如来が久遠《くおん》の昔に、私どもを救おうと誓願し、今、私どもに往生の行《ぎよう》を恵み与えられている大悲の願心である。即是其行《そくぜごぎよう》とは、如来が選択して与えたもうた選択《せんじやく》本願の行のことである。

解説

念仏別時意説

善導が『観経疏《かんぎようしよ》』の「玄義分《げんぎぶん》」において、名号のいわれを顕わすためにほどこされた六字釈に注目し、それをさらに展開されたのが親鸞の六字釈であった。まず善導の六字釈というのは、

南無といふは、すなはちこれ帰命なり、またこれ発願回向の義なり。阿弥陀仏といふは、すなはち

これその行なり。この義をもつてのゆゑにかならず往生を得。

（「玄義分」『註釈版聖典』七祖篇・三二五頁）

といわれたものをいう。それは、六・七世紀ごろの中国仏教界で流行していた念仏別時意説を批判する論義の中で展開された善導独自の念仏釈義であった。

摂論宗《しょうろんしゅう》（『摂大乗論』の研究グループ）では、『観経』に称名だけでも往生できるかのように説かれているのは、怠け者を励ますための別時意と呼ばれる方便説であると主張していた。なぜならば南無阿弥陀仏と称えているのは、「阿弥陀仏に南無したてまつる」といって如来に敬意を表し、せいぜいその浄土に生まれたいという願いを表現しているにすぎないから、行といわれるようなものではない。したがって称名しただけでは願はあっても行がないから、報土に往生する因にはならないというのである。

もっともそれも仏縁には違いないから、称名することは遠い将来の往生のための一つの縁とはなる。だからといって、称名にはさとりの領域である浄土（報土）に往生できるような価値はない。しかし、そのように教えると怠け者は称名さえしなくなるから、遠い将来に得るであろう往生の果を、まるですぐに得られるかのように説いて怠け者を励まし、仏縁を結んでいく方便の経説である。このように遠い未来（別時）に得られる結果を、まるですぐ（即時）に得られるかのような説き方をするのを別時意の方便説というが、念仏往生はまさにその典型的な教説であるというのである。

それに対して善導は、念仏が往生の業因《ごういん》であるということは、阿弥陀仏の本願に定められたことであり、釈尊をはじめ十方の諸仏が証明されていることであるから疑いを入れる余地はないといわれる。さらに道理からいっても南無阿弥陀仏と称えるとき、そこには自ずから願と行が備わっているから、念仏往生は決して別時意の方便説ではないと主張されたのであった。その道理を明かしたのが六字釈だったのである。

願行具足《がんぎょうぐそく》

南無阿弥陀仏の南無（ナマス）は、翻訳すれば帰命であるが、帰命とは、如来の教え（教命）にすなおにしたがう信順の心である。それは念仏する者を必ず浄土に生まれさせるという如来の教えにしたがっているのであるから、帰命には、仰せにしたがって浄土に往生しようと願い（発願）、浄土に向かう心（回向）がある。すなわち発願回向のいわれがあることがわかる。また第十八願には、阿弥陀仏の名号を称えることを往生の行とすると定められているから、阿弥陀仏という名号が往生の行体となるいわれがあることがわかる。このように見てくると南無阿弥陀仏と称えているところには、願と行がそなわっているから、よく往生の因になるという道理があるといわれたのであった。

「行文類」の六字釈

親鸞は、六字釈を「行文類」と『尊号真像銘文《そんごうしんぞうめいもん》』とに引用し、それぞれ独自の解釈をほどこされている。『尊号真像銘文』では、如来の勅命に信順して願生し、称名する者は本願力に依って必ず往生できる道理を顕わしたものとされていた。また「行文類」では、名号そのものが表わしている如来の救済のありさまを示すという法体釈《ほったいしゃく》（名号を如来の側から解釈すること）がほどこされていた。すなわち善導が示された帰命・発願回向・行という名号の三義について、それぞれの言葉に寄せて、本願の名号に秘められている本願力回向という阿弥陀仏の救済のありさまを表わそうとされたものであった。

またたとえば帰命について「帰命は、本願招喚の勅命なり」といわれた場合、それはただ帰命（南無）だけの意味ではなくて、南無阿弥陀仏の全体が本願招喚の勅命であることを表わしていたし、「発願回向といふは、如来すでに発願して衆生の行を回施《えせ》したまふの心なり」という場合も、南無阿弥陀仏全体が如来の大悲回向の願心を表わしているという意味であった。また「即是《そくぜ》其行《ごぎょう》といふは、すなはち選択本願これなり」というのも、単に阿弥陀仏という四字だけが選択本願の行であるという意味ではなくて、南無阿弥陀仏という六字名号が、選択本願の行体であるということを表わしていたのである。

如来招喚の勅命

まず「南無」すなわち「帰命」について親鸞は、帰命には仏を礼拝するという意味と、仏の教え（教命）にしたがう（帰順）という意味があるといわれていた。特に「帰命と申すは如来の勅命にしたがふこころなり」といわれているように「疑いなく如来の仰せにしたがいまかせる」という信順の意味とし、信心の同義語とみなされていた。

ところが、「行文類」では「帰命は、本願招喚の勅命なり」という破天荒な解釈をほどこされていた。帰命とは、阿弥陀仏が私どもに向かって、「われをたのめ、必ず救う」と招き、喚びたまう仰せであるというのである。

これによって第一には如来の救済（本願力回向）は、南無阿弥陀仏という招喚の声となって私どもの上に実現してくることがわかる。そして第二には本願を疑いなく信じ、本願力にまかせきっている信心は、私どもが自分の力によって起こしたものではなくて、「われをたのめ（南無）必ず救う（阿弥陀仏）」という勅命を聞いているほかに信心はないということを明らかにされた絶妙の釈である。先哲はその心を、「勅命のほかに信心なし」といわれていた。こうして第三には南無阿弥陀仏が如来の呼び覚ましの声であるとすれば、私が今、南無阿弥陀仏と称えていることは、そのまま、われを呼びたまう本願招喚の勅命が聞こえているありさまであるといえる。すなわち念仏は凡夫の営みではなくて如来の説法であった。原口針水が、

　われ称えわれ聞くなれど南無阿弥陀
　　つれていくぞの親の呼び声

と詠《うた》ったのも、その心を表わそうとしたものである。

如来の発願

発願回向については、「如来すでに発願して衆生の行を回施《えせ》したまふの心なり」といわれている。すなわち名号に発願回向の意味があるというのは、私どもが救いを求める前にすでに如来は、私どもを浄土に迎え取ろうと願いを発《おこ》し（発願）、南無阿弥陀仏という往生の行法を選びとって、私どもにほどこし与えよう（回向）と活動する大悲の願心のましますことを表わしている。すなわち私の思いを超えて、私を包み取る選択の願心が南無阿弥陀仏という言葉に表現されている

といわれるのである。

それは世俗にのみ心を奪われて、浄土を願生するような思いの起こらないはずの私どもに、かすかではあるが浄土こそ真実の世界であり、帰るべき「いのち」の故郷であると思いとる心が起こり、念仏する身になっていることの不思議を南無阿弥陀仏の中に聞き取られた釈であった。そこには南無阿弥陀仏という御名を通して、「たすけんとおぼしめしたちける本願のかたじけなさ」に感動されている親鸞の姿が見えてくるであろう。

本願の行

さて如来が大悲をこめて私どもに回向されている行体は、「南無阿弥陀仏」である。それを善導は「阿弥陀仏というは即ちこれその行なり」といわれていた。それは称名念仏は、私どもが称《とな》えたから往生の行になるのではなくて、阿弥陀仏が往生の行として選び定められたから往生行なのである、それもこの一行によって往生が決定するという徳をもった正定業《しょうじょうごう》であるということを表わしていた。それを法然は選択本願の行といわれたのである。

念仏を往生の行と信ずるということは、念仏を往生の行と選択された本願を信ずることであった。そのことを明らかにするために親鸞は「即是其行《そくぜごぎょう》というは選択本願これなり」といわれたのである。すなわち称名していることは、選択本願を信じているありさまであり、如来より回向された念仏という行に奉《つか》えていることであった。それゆえ親鸞は「専らこの行に奉《つか》えよ」ともいわれるのであった。

こうして如来は、一切の衆生を救済しようと願い立ち、その大悲の願いを実現するために念仏という往生の行を選び定めて回施《えせ》されるが、その行体である南無阿弥陀仏は、そのまま招喚の勅命という如来の説法となって私どもに届けられるのであると、本願力回向の救済活動を構造的に表わされたのが「行文類」の六字釈であった。

行の一念

行の一念というは、いわく、称名の遍数について選択易行の至極を顕開す

原文

おほよそ往相回向《おうそうえこう》の行信《ぎょうしん》について、行にすなはち一念あり、また信に一念あり。行の一念といふは、いはく、称名の遍数《へんじゅ》について選択易行《せんじゃくいぎょう》の至極《しごく》を顕開《けんかい》す。（中略）大利無上《だいりむじょう》は一乗真実の利益《りやく》なり。（中略）いま弥《み》勒付属《ろくふぞく》の一念はすなはちこれ一

現代語訳

如来より往生成仏の因として回向《えこう》された行信《ぎょうしん》の、行にも信にも一念ということがある。行の一念というのは、称名の数の最小単位である一声の称名に、無上の功徳を具足していると説くことによって、阿弥陀仏が選択された易行《いぎょう》は同時に、最勝の行であるという選択本願念仏の究極の意義を顕わそうとした経説である。

また経に大利無上《だいりむじょう》の功徳を得ると説かれているのは、本願の念仏は一切の衆生に分けへだてなく、最高のさとりを得させる唯一無二の真実の法である、ということを利益をもって知らせた言葉である。

声《しょう》なり。一声すなはちこれ一念なり。一念すなはちこれ一行なり。

（行文類、聖典・一八七頁）

今、弥勒菩薩に付属された一念の念は称念の意味であるから、一念は一声のことであって、一声のことを一念と説かれているのである。また一念には、一行という意味もある。すなわち余行をまじえない一行専修ということを表わしているのである。

解説

称名の一念

『大無量寿経』には三か所に「乃至《ないし》一念（すなわち一念に至るまで）」という言葉が説かれている。第十八願成就文《じょうじゅのもん》と、下輩の文と、付属の文とである。法然は三か所の一念をすべて行の一念、すなわち一声の称名のこととみなされていたが、親鸞は下輩の文については何も触れていないが、第十八願成就文の一念は信の一念で、信心が初めて発《おこ》った時を表わしており、付属の一念は行の一念であるとして、それぞれ「行文類」と「信文類」に詳しい解説をされていた。如来よりたまわった行と信に、それぞれ一念ということがあって、切り離すことのできない重要な事柄を表わしているというのである。なお下輩というのは、この経の下巻に浄土を願う人を功徳の多少によって、上輩・中輩・下輩の三輩に分類された経説の下輩を表わす文のことである。親鸞は、この経説は自力往生のありさまを説かれたものとみなされていたから、その「一念」には言及されなかったのであろう。

『大無量寿経』の説法が終わろうとするとき、釈尊は将来の教主である弥勒菩薩にこの経の法義の肝要を的示して委嘱《いしょく》された。それを「付属の文」という。

仏《ぶつ》、弥勒に語りたまはく、それかの仏の名号を聞くことを得て、歓喜踊躍《かんぎゆやく》して乃至《ないし》一念（すなわち一念に至るまで）せんことあらん。まさに知るべし、この人は大利《だいり》を得《う》とす。すなはちこれ無上の功徳を具足するなり。

（聖典・八一頁）

「釈尊が弥勒菩薩に仰せられた。阿弥陀仏の名号を聞いてその救いを信じ、身も心も喜びに満ちて、わずか一声なりともその御名を称える者には、無上の功徳が身に備わり、確実に往生し、成仏できるだけの広大な利益を得る」というのである。ここに「乃至一念」といわれた「一念」は、行の一念であって、一声の称名のことであるとみなして解釈されるのが「行の一念の釈」である。親鸞はそれに遍数《へんじゅ》の釈《しゃく》と、行相《ぎょうそう》の釈という二種類の解釈をほどこされていた。

無上功徳の行

遍数というのは、称名の数のことで、称名の数の最小単位である一声の称名について、そこに表わされている行の徳義を示す釈であるから遍数釈というのである。すなわちこの付属の経文に、「一念に至るまで無上の功徳を具する行である」と説かれているのは、阿弥陀如来が選択された本願の称名は、わずか一声という易行の中の易行に、無上の功徳が備わっているという、他に類例を見ない勝れた行であるということを知らせるためであったというのである。

言いかえれば、釈尊がこの経典の肝要を弥勒に委嘱するのに、一声の念仏につづめて説かれたのは、それによって選択本願の行法こそ、万人を平等に救う無上の功徳をもった教法であり唯一最高の仏法

（一乗）であるということを明らかにするためであったというのである。このように「行の一念」は選択本願の法の絶対性を表わす教説であるということを、親鸞は「称名の遍数《へんじゅ》について選択易行《せんじゃくいぎょう》の至極《しごく》を顕開《けんかい》す」といわれたのである。

行法と信受

ここで注意しなければならないことは、行の一念は、一声の称名に無上の功徳を具足しているという本願の行法の徳を表わす教説であって、一声称えたときに往生が定まるというような「時」を表わす教説ではないということである。法は時間・空間を超えているから、念仏を勧める場合には、「時節の久近を問わず」とも「時と処と諸縁をきらわず」というように表わされる。往生の定まる「時」を表わすのは、その法を私どもの一人一人が疑いなく受け入れる「信の一念」なのである。

これによって行は法の徳を表わすことを主としており、信は私どもの受けごころ（機受）を表わすことを主としているというのが『教行証文類』の行と信の表わし方だったことがわかるのである。それゆえ、信じた「時」に往生が定まるといわれるが、称えた「時」に往生が定まるというような教説は法然の上にも、親鸞の上にも存在しないことを知っておかねばならない。

一行専修

行の一念の行相釈というのは、同じところに、「いま弥勒付属《ふぞく》の一念はすなはちこれ一声《いっしょう》なり。一声すなはちこれ一念なり。一念すなはちこれ一行なり」といわれたものがそれである。一念を一行と解釈し、一行とは二行、すなわち念仏以外の「余行」を往生の行としてまじえない一行専修という本願の念仏の行じぶり（行相）を表わされる釈であるから、行相釈と呼んでいる。もともと一には無二の意味があり、念には称念、すなわち称名行の意味があるところから一念を一行といわれたのである。これによって如来が選択して回向された称名は、自力をたのんで行なう種々雑多な行、すなわち雑行《ぞうぎょう》・雑修《ざっしゅ》とは質が違っているから、往生の行としては決して余行（余他の行）をまじえることなく「ただ念仏して弥陀にたすけられまゐらすべし」という一行専修の姿を取るということを表わされたのである。

こうして如来が選択された念仏一行は、善悪・賢愚のへだてなく一切の衆生を平等に救いうる易行であって、しかも最勝の行であり、他の一切の行に超えすぐれた一乗無上の行法であるから、余行をまじえることなく、ただ念仏一行を専修すべきであると、大行としての念仏の行徳と行相を開顕されるのが「行文類」の行一念の釈であった。

信の一念

一念とはこれ信楽開発の時剋の極促を顕わし、
広大難思の慶心を彰わすなり

原文

それ真実の信楽《しんぎょう》を案ずるに、信楽

現代語訳

真実の信心について一念ということがある。一念とは信心に一念あり。一念とはこれ信楽開発《かいほつ》の時剋《じこく》の極促《ごくそく》を顕《あらわ》し、広大難思《こうだいなんじ》の慶心《きょうしん》を彰《あらわ》すなり。（中略）一念といふは、信心二心《にしん》なきがゆゑに一念といふ。これを一心と名づく。一心はすなはち清《しょう》浄《じょう》報土《ほうど》の真因なり。

（信文類、聖典・二五〇頁）

が私の上に開け発《おこ》った最初の時を顕《あら》わしており、その信心は、広大無辺な不可思議の本願を聞いて慶ぶ心であるということを彰《あら》わしている。

また本願成就文《じょうじゅのもん》の一念とは、本願を信ずる信心には「二《ふた》心《ごころ》」すなわち疑い心がないから、一念というのである。これを一心と名づける。一心は清らかなさとりの境界である報土に往生するまことの因種（たね）である。

解説

時剋の極促

「信文類」には、行の一念に対応して信の一念が釈される。それは『大無量寿経』下巻の初めに説かれた第十八願成就文に、

あらゆる衆生、その名号を聞きて、信心歓喜《かんぎ》せんこと乃至《ないし》一念せん。至心に回向したまへり。かの国に生れんと願ずれば、すなはち往生を得《え》、不退転に住せん。

（聖典・四一頁、ただし訓点は「信文類」の引文による）

といわれているが、その「一念」を、親鸞は信心についての一念であるとみなされたのである。そしてそれに時剋釈《じこくしゃく》と信相釈という二種類の解釈をほどこされる。時剋釈とは一念を時間的に見た解釈とい

うことである。すなわち、一念とは、「初めの時」ということで、本願の名号を疑いなく聞き受ける信心が初めて起こった「時」を表わしているというのである。同じことが『一念多念文意《もんい》』（聖典・六七八頁）には、「一念といふは、信心をうるときのきはまりをあらはすことばなり」といわれている。「時剋《じこく》の極促《ごくそく》」とか「時の極《きわ》まり」というのは、一応、信心が起こった最初の時という意味を表わすが、それだけではなく、その「時」は、「ときのきわまり」すなわち「究極の時」であるといわれているから、日常的に考えられている長さが測定できるような「経過する時間」ではないということになる。すなわち、信の一念は経過しない「時」である。なぜならば、自分で造り上げていく信心ならば、信心の成立に時間がかかるであろうが、如来よりたまわる信心は、いただくばかりで完成し、信心の成立に時の経過を必要としないからである。

永遠の今

このように信の一念が「経過する時」ではないということになれば、その時は、長さを測定できる時ではないということになる。長さを測定できないということは、その一念を客観的に対象的に捉えることができない時であるということである。それは本願招喚の勅命（名号）をただはからいなく聞き受けている主体的な状況をいうのであって、決して客観化することのできない時なのである。もし信の一念を対象的に捉えたとすれば、その人はもはや本願を聞いていないわけであるから、信の一念ではなくなっていることになるのである。

さらにいえば阿弥陀仏の本願は、過去・現在・未来という時間系列を包んで、三世にわたる一切の衆生を救う久遠《くおん》の願いであった。その「時」を超えた久遠の本願をはからいをまじえることなく聞き受けている時は、その一瞬がそのまま久遠であるような内実をもっている「時」なのである。

　このように、信心が初めて開け起こっている信の一念は、時間を超えて包む久遠の仏心が、空しく経過していく迷妄の時間の中に閉じ込められている人間の心を開いて、本願の領域を知らしめている「時」である。したがって信の一念は、単なる時間ではなくて、「永遠の今」とでもいうべき「時」であった。そのとき、愚かな煩悩具足の凡夫もそのまま如来の本願の秩序の中に包まれ、往生し成仏すべき仲間に入り、正定聚《しょうじょうじゅ》といわれるような位に住するようになるのである。そこに人間の思いはからいを超えた広大無辺な本願の世界に心を開かれた安らぎと慶びが恵まれてくる。それを「広大難思《こうだいなんじ》の慶心《きょうしん》を彰《あらわ》す」といわれたのである。

二心なき信心

　また「信文類」には、同じ本願成就文の一念を釈して、「一念といふは、信心二心なきがゆゑに一念といふ」ともいわれている。これは、一念の念を「こころ」の意味で解釈し、一念とは一心のことであって、二心《ふたごころ》すなわち「疑い心」のないことと見られたものである。ここでは一念を、本願を疑う心がないという信心のありさまを表わす言葉と見ているから、信一念の信相釈と言い習わしている。

　先に行の一念について、一念とは余行をまじえず「ただ念仏する」という一行専修の行相を表わすと解釈されていたが、それとこの信相の釈とを対応させると、本願の行と信の具体的なありさまである行相と信相とが明らかになる。すなわち本願には至心《ししん》・信楽《しんぎょう》・欲生《よくしょう》という三心と、乃至十念の称名とが誓われているが、その三心は疑いをまじえない信楽の一心に収まり、十念の行は余行をまじえない念仏一行の専修を表わしたものであって、本願の行と信は、一心をもって一行を専修することであるということが明らかになる。このように本願の行信を一行一心として明らかにされたのが親鸞の行信論の特色の一つであった。

また行の一念の遍数釈では、一声の称名に無上の功徳がそなわっていると説いて、南無阿弥陀仏という行法の徳の無上性を顕わされていた。それに対して信の一念の時剋釈は、その法（本願の名号）を疑いなく領受する一念即時に、無上の法を身にいただいて正定聚の位に入れていただき、往生成仏が決定するという往生決定の「時」を顕わされていた。こうして行法（法）を信受する（機）という行（念仏）と信（信心）の関係を明確にするのが行一念の遍数釈と信一念の時剋釈とであった。

真実の信心

金剛の真心、
これを真実の信心と名づく

原文

まことに知《し》んぬ、至《し》心《しん》・信《しん》楽《ぎょう》・欲《よく》

現代語訳

本願に至心・信楽・欲生と誓われたその言葉は異なってい

生《しょう》、その言《ことば》異《こと》なりといへども、その意《こころ》これ一つなり。なにをもつてのゆゑに、三心《さんしん》すでに疑蓋《ぎがい》雑《まじ》はることなし、ゆゑに真実の一心なり。これを金剛の真心《しんしん》と名づく。金剛の真心、これを真実の信心と名づく。

（信文類、聖典・二四五頁）

るけれども、それが表わしている意味は一つであるということが、これ（三一問答）によってはっきりとわかった。なぜならば、三心ともに疑いがまじわらない心相であるということを表わしているからである。それゆえ真実の一心になるのである。この一心は無明《むみょう》を破る金剛のごとく堅固な智慧の徳をもっているから金剛の真心と名づける。金剛の真心を真実の信心と名づけるのである。

解説

至心・信楽・欲生

蓮如が、「聖人一流の御勧化《ごかんげ》のおもむきは、信心をもって本とせられ候ふ」といわれたように、親鸞の教えの中で信心は特に肝要であった。それゆえ『教行《きょうぎょう》証《しょう》文類《もんるい》』の中で信心を表わす「信文類」にだけ特別に序文（別序）がおかれていた。南無阿弥陀仏という万人の救われる法は成就されていても、私が信受（疑いなく受け入れる）しなかったならば、私の救いは成立しないからである。その信心は、たしかに私の心の上に開け発《おこ》っている事実に違いないが、私の想念が作り上げたものではなくて、私を浄土に生まれさせると誓われた阿弥陀如来の大智大悲の心が、本願の言葉となって私の心に響きこんでいるほかになかった。これを親鸞は如来より回向せられた信心といわれたのであった。

第十八願には、その信心を「至心《ししん》に信楽《しんぎょう》して、我が国に生まれんと欲《おも》へ」と誓われていた。親鸞はそれを「至心・信楽・欲生」の三心と見られた。至心とは真実心のことであり、信楽とは疑いなき心であり、欲生とは往生一定と浄土を期《ご》する心である。ところが親鸞は、その三心は如来が完成して私どもに与えたもうた本願力回向の信心であるといわれたのである。すなわち、至心とは如来が成就された真実なる智慧の徳のことであり、欲生とは、大悲をこめて回向したまう大慈悲心のことであり、信楽とは、その真実なる智慧の徳と、大悲回向の心をもって、十方の衆生を救うと決定《けつじょう》して疑いのない如来の決定心のことであるといわれたのである。したがって三心とは、如来が大智大悲をもって「決定して汝を摂取する」と私どもに呼びかけておられる招喚の勅命の内容であるということになる。

それゆえ私がその本願招喚の勅命を疑いをまじえずに聞いて、「決定して摂取される」と信じているところには、如来が成就された智慧と慈悲の功徳が備わっているのである。こうして三心といっても如来の側では「必ず助ける」のほかになく、私の上ではその仰せを聞いて「必ず助かる」と慶ぶ信楽の一心のほかにないことがわかる。しかしその一心には凡夫の往生成仏を可能にする智慧と慈悲の徳が円かに備わっているから、往生成仏の正因となるといわれるのである。

如来成就の三心

そのことを詳しく解説されたのが「信文類」や『浄土文類聚鈔《もんるいじゅしょう》』の三心一心の問答（三一問答）であった。そこには三心の字訓（文字の意味）によって、三心はそのまま一心であると証明される字訓釈と、本願の三心は、法義（法の道理）からいっても一心でなければならないと証明される法義釈とがある。特に法義釈には、三心はもともと如来が完成されて、私どもに回向された心であるから、私どもは疑いをまじえずに聞き受ける信楽の一心のほかはないということを詳しく述べて、三心即一の信心こそ往生成仏の正因であるという法義を確立されていた。

それによれば、私どもは無始以来、煩悩・妄念にまつわられていて、清らかなさとりの領域である浄土を感得できるような智慧も慈悲もなく、清らかな信心も、かつて起こしたこともなかったし、これからも決して起こすことのできない身であるといい、「一切の群生海《ぐんじょうかい》、無始よりこのかた乃至今日今時《ないしこんにちこんじ》に至るまで、穢悪汚染《えあくわぜん》にして清浄《しょうじょう》の心《しん》なし、虚仮諂偽《こけてんぎ》にして真実の心なし」（聖典・二三一頁）と言いきられている。それは如来の真実に触れて初めて明らかになる、人間の内奥に対する厳しい省察であった。浄土にふさわしい信心さえも、決して発《おこ》すことのできないものであるというような断定は、親鸞にしてはじめて言い得た言葉であった。

如来は、このような煩悩具足の凡夫を哀れんで、一切の衆生に代わって永劫にわたる修行を積みかさね、私どもの往生成仏の因になるような清浄真実な三心を完成された。すなわち真如をさとる清浄真実な智慧の徳である至心と、大悲をもって一切衆生に仏徳を回向する慈悲の徳である欲生と、この悲と智が相《あい》まって衆生を救済することにいささかの疑いもない決定心である信楽とである。したがって、三心は「決定して汝を摂取する」という信楽の一心として成就しているのである。そしてそれが南無阿弥陀仏という名号の徳義（いわれ）であった。

三心即一

このようにして完成された如来の三心は、まことの三心を起こすことのできない煩悩の凡夫を救おうという本願によって完成されたのであるから、如来の三心はそのまま衆生の三心になるように完成されていた。すなわち如来の三心は、一句の名号となって一切の衆生に与えられ、南無阿弥陀仏とたのむ衆生の三心となっていくのである。すなわち「決定《けつじょう》して汝を摂取する」（南無阿弥陀仏＝如来の三心）と呼びかけられている大悲招喚の勅命を疑いなく聞き受けて、「決定して摂取されるとたのむ」信心となっていることを衆生の信楽というのであるから、如来が完成された三心はその信楽の一心となって私どもの上に実現しているというのである。

このように本願の三心は、そのまま信楽の一心に摂まるという三心即一心の道理を顕わすと同時に、本願力をたのむ信楽（信心）の一心には往生成仏の因となる大智大悲の徳が備わっていると信心正因の法義を明らかにするのが法義釈であった。それによって本願力回向の信心の内実が明らかになるという絶妙の釈であった。

二種深信

自身は、現にこれ罪悪生死の凡夫、曠劫よりこのかた、つねに没し、つねに流転して、出離の縁あることなし

原　文

二つには深心《じんしん》。深心といふは、すなはちこれ深信《じんしん》の心なり。また二種あり。一つには、決定《けつじょう》して深く、自身は現にこれ罪悪《ざいあく》生死《しょうじ》の凡夫《ぼんぶ》、曠劫《こうごう》よりこのかた、つねに没《もっ》し、つねに流転して、出離《しゅつり》の縁あることなしと信ず。

二つには、決定して深く、かの阿弥陀仏の四十八願は衆生を摂取《しょうじゅ》して、疑《うたがい》なく慮《おもんぱか》りなくかの願力に乗じて、さだめて往生を得《う》と信ず。

（信文類、聖典・二一七頁）

現代語訳

二つには深心と説かれている。深心というのは、すなわち深く信ずる心をいう。それにまた二種がある。一つには、自身は、現に重い罪悪を背負った凡夫であって、果てしない過去からつねに迷いの苦海に沈み、輪廻転生を繰り返しており、この生死流転を超え離れていく手がかりさえないものであると決定的に、深く信ずることである。

二つには、彼の阿弥陀仏は四十八願を起こして苦悩の衆生を救い取ろうと願われている。その本願を疑いなく、ためらいなく受け入れて、本願力にまかせるならば必ず往生することができると決定的に、深く信ぜよといわれているのである。

解説

深心の内容

『観経』に、浄土を願生《がんしょう》する人の心を至誠心《しじょうしん》・深心《じんしん》・回向発願心《えこうほつがんしん》という三心として表わされている。それを善導は『観経疏《かんぎょうしょ》』「散善義」と『往生礼讃』の中で注釈されているが、特に「散善義」には詳細な解説がされていた。それを善導の三心釈という。中でも第二の深心釈は詳細を極め、善導教学の真髄をそこに見ることができるのである。

まず深心とは、深い心ではなくて、深く信ずる心であるといい、自身が阿弥陀仏の本願に救われていく身であると疑いなく決定的に信じている信心のことであるといわれたのである。そしてその内容を、救済される者（機《き》）としての自分がどのような存在であるかということを信ずる「機についての深信」と、救うものとしての教法（法）はどのようなものであるかということを信ずる「法についての深信」とに開いて示されたのが、初めに挙げた機法二種の深信である。したがって二種深信といっても二つの信心があるわけではなく、一つの信心の内容を二種に開いて明らかにしたものであることがわかる。善導・法然・親鸞と伝承してきた浄土真宗の信心のありさまは、この機法二種の深信に言い尽くされていた。

それゆえ『愚禿鈔《ぐとくしょう》』には、この二種深信について「いまこの深信は他力至極《たりきしごく》の金剛心、一乗無上の真実信海なり」（聖典・五二一頁）といわれている。「今ここに述べた（二種の）深信は、如来よりたまわった金剛のように堅固な信心のありさまであり、唯一無二の最高の法が私の上に実現している海のように広大な内容をもつ真実信心のありさまを現わしたものである」というのである。

二種の深信

第一は機の深信と呼ばれるように、自身は煩悩を具足した罪悪深重《じんじゅう》の凡夫であって、自分の内には生死を超えていく手がかりさえないものであると決定的に信ずることである。これによって自己をたのむ心がなくなり、自力のはからい心が完全にすたる。第二の法の深信は、阿弥陀仏の本願力は、このような罪障の凡夫を救って必ず浄土へ生まれさせて下さると決定的に信じて、煩悩の身を本願力にまかせることである。

ところで自身にはさとりに向かう手がかりさえもない煩悩具足の身であると知ることも、このような者を必ず救いたまう本願力がましますということも、いずれも人間の力で知り得ることではない。私どもが迷っているということは、自身のまことの姿を知り尽くすことも、如来の真実の御心を知ることもできないからである。自己もわからず、如来もわからず、ただ茫漠《ぼうばく》として濁乱の中を流されているばかりである。そのような私に向かって「煩悩具足の凡夫を救う」と招喚される本願の御言葉を聞くことによって、初めてその御言葉の中に自身の真相を聞き取り、法の真相を聞き受けるのである。先哲が「仏智来たって、機を照らし、法を照らす」といわれた所以《ゆえん》である。

善導は『往生礼讃』で二種深信を明かされるとき、自身の真相も、本願の真相もいずれも「信知」する事柄であるといわれていたのはそのゆえである。信知とは、自分の知識で知り得たことではなく、聞こえてくる如来の仰せをすなおに受け入れることによって知らされた事柄であるということである。

二種一具の深信

こうして二種深信は、私が考えて起こした信心ではなく、まして二つの心が前後して別々に起こるわけでもない。「煩悩具足の凡夫を救う」と仰せられる本願招喚の勅命を疑いなく聞いている一つの信心（深心）のありさまを詳しく開いて示されたものである。それを本願の信心は二種一具の深信（機法二種の深信は、一つの信心に具わっている内容）であると言い習わしてきた。はからいなく本願他力をたのんでいる信心を開けば、煩悩具足のまま、お救いにあずかるという機法の二種になるからである。ともあれ、二種深信は、自力をはなれて他力にまかせきっている信心のありさまを詳しく示したものであった。

真実の証果

真実の証を顕わさば、すなわちこれ利他円満の妙位、無上涅槃の極果なり

原文

つつしんで真実の証《しょう》を顕《あらわ》さば、すなはちこれ利他円満の妙位《みょうい》、無上涅槃の極果《ごくか》なり。すなはちこれ必至滅度《ひっしめつど》の願《がん》より出でたり。

（証文類、聖典・三〇七頁）

現代語訳

つつしんで真実の証について表わすならば、如来の利他（他力）の働きによってめぐみ与えられた妙覚（仏陀）の位であり、最高の涅槃の境地をさとり極めた仏果である。すなわちこれは第十一必至滅度の願によって回

――向された証果である。

解説

一般的な往生

往生といえば、一般には穢土《えど》を捨てて阿弥陀仏の浄土に往き生まれることであると理解されていた。大乗経典のいたるところに説かれており、天台宗や三論宗や真言宗などでも盛んに阿弥陀仏の浄土への往生が説かれていたからである。しかし一般に信じられていた阿弥陀仏の浄土は、寿命も極めて永く、修行の障《さわ》りになるような悪縁のない世界であって、しかも阿弥陀仏がつねに説法されており、観世音菩薩や大勢至菩薩など、多くの大菩薩が先輩として指導にあたっている修行のしやすい環境であると考えられていた。そこで悪縁が多く仏道修行に適していない娑婆《しゃば》を捨てて浄土に生まれ、そこで本格的な修行を行ない、成仏をめざしていこうとする信仰だったのである。その意味では修行の場所を転換するという程度の往生を願っていたといえよう。

難思議往生《なんじぎおうじょう》

ところが親鸞は、真実の浄土は単なる修行の場所ではなくて、仏陀の境地、すなわち完全なさとりの境界である大涅槃とみなされていた。したがって浄土に往生するということは、完全に煩悩が消滅して、涅槃のさとりが実現し、阿弥陀仏と同じ仏陀の位につくことであると言いきっていかれたのである。これを往生即成仏説と言い習わしている。

法然の門下でも、特に本願他力を強調し、親鸞に大きな影響を与えた大先輩である幸西《こうさい》や、隆寛などでさえも、浄土に往生すれば無漏《むろ》の智慧を開いて煩悩を断ち切り真如法性《しんにょほっしょう》の一分をさとって、仏になることが決定する初地《しょぢ》（天台では初住位《しょじゅう》）の菩薩になるといわれていた。それゆえ往生すれば直ちにさとりを完成して仏陀の位に昇ると断言された親鸞の往生即成仏説は、まさに耳を驚かすような教えだったのである。

このような成仏であるような往生のことを親鸞は特に「難思議往生」と呼んで、従来の往生観と区別していかれた。如来の徳のすべてが回向されて衆生の往生成仏の因徳となっている信心が、果徳となって現われた往生は、私どもの思いはからいを超えた不可思議の果報であるから難思議往生というのである。生仏不二《しょうぶつふに》の因が生仏不二の果となって現われているからである。

そのことを顕わすために「証文類」の初めに、真実の証果とは、究極の仏果のことであるとして、

つつしんで真実の証を顕さば、すなはちこれ利他円満の妙位、無上涅槃の極果なり。

といわれている。真実の証とは、如来の本願他力の働きによってめぐみ与えられた妙覚、すなわち仏陀の位であり、完全に煩悩が消滅した最高の涅槃の境地をさとり極めた仏果である。それは正定聚《しょうじょうじゅ》の機《き》を必ず滅度（涅槃）に至らせると誓われた第十一願によって回向された大涅槃の果徳であるといわれるのである。

一生補処《いっしょうふしょ》の菩薩

このように親鸞が、真実報土に往生することは成仏することでもあるといわれたのは、第一には、信心の行者は、如来の智慧と慈悲の徳を仏になる因としていただい

ているからであった。「信文類」には、信心の行者は、現生《げんしょう》においてすでに仏になることに決定している聖者の部類である正定聚の位に住しているが、それは弥勒菩薩と同じ徳を得ていることであるといって、

まことに知《し》んぬ、弥勒大士《みろくだいじ》は等覚《とうがく》の金剛心を窮《きわ》むるがゆゑに、竜華三会《りゅうげさんね》の暁《あかつき》、まさに無上覚位《むじょうかくい》を極《きわ》むべし。念仏の衆生は横超《おうちょう》の金剛心を窮むるがゆゑに、臨終一念の夕べ、大般涅槃《だいはつねはん》を超証す。ゆゑに便同《べんどう》といふなり。（聖典・二六四頁）

といわれていた。釈尊の後継者である弥勒菩薩は、永劫にわたって自力の修行を積み重ね、煩悩を断ち切り、わずかに迷いの根源である元品《がんぽん》の無明《むみょう》（迷いの根本である根源的な無知）が残っているだけで、如来とほとんど同じ徳をもっているから等覚《とうがく》（正覚者《しょうがくしゃ》に等しい）と呼ばれ、菩薩としては最高の位に達している方である。今は兜率天《とそつてん》にいて、時の来るのを待っているが、五十六億七千万年たって、兜率天での一生が終わればこの世に出現し、金剛心を起こして元品の無明を断ち切ってさとりを完成し、弥勒仏となられる。そして竜華樹《りゅうげ》のもとに無量の衆生を集めて三度説法を行ない無量の衆生を救うといわれている。この弥勒のように、ただ今の一生が終われば次の生において仏の座につくことに定まっている者を一生補処《いっしょうふしょ》の菩薩と呼んでいる。

ところで念仏の衆生は、如来の智慧の徳である金剛の信心をいただいているから、この生涯が終わる臨終の一念に真実の報土に生まれて、大涅槃をさとり極め、阿弥陀仏と同じ仏陀になることに決定して

いる。このように、今の一生が終われば仏陀のさとりを完成するという意味では、一生補処の菩薩である弥勒菩薩と同じ位であるといわねばならない。『大経』に念仏の衆生を〈すなわち弥勒に同じ（便同《べんどう》弥勒《みろく》）〉といわれたのは、そのゆえであるというのである。これが有名な親鸞の「便同弥勒（すなわち弥勒に同じ）」説であった。

こうして煩悩具足の凡夫であっても、真実信心を得たものは、迷いの根源である無明・煩悩を断ち切る金剛のような智慧を得ているから金剛心の菩薩ともいわれ、弥勒菩薩と同じ一生補処の位に住しているとすれば、往生は即成仏でなければならないというのである。

往生正覚《しょうがく》一体の往生

第二には、信心の行者が往生させていただく真実報土は、阿弥陀仏のさとりの領域である大涅槃であると見られていたからである。「衆生もし生まれずは、正覚《しょうがく》をとらじ」と誓われた法蔵菩薩の本願に報いて成就された真実報土は、如来の正覚と衆生の往生とが一体不二に成就している。言いかえれば信心の行者を、仏の正覚の領域に生まれさせるというのであるから、救う仏陀（仏）と救われる衆生（生）との区別さえも超えた生仏一如《しょうぶついちにょ》の浄土として成就されていなければならないというのが親鸞の基本的な如来・浄土観であった。

そもそも阿弥陀如来の浄土の本体は、一切の二元的な分別による限定を超えた一如の領域であるから、浄土に至れば、一切の分別を超える無分別智が即座に現われて一如をさとる。すなわち自と他の垣根を超え、生と死の分別を超え、愛と憎しみのまどいを離れ、仏と衆生のへだてさえもなく、万物が一つに融けあう一如の境地に到達するのである。このように万法一如の境地に到達することが往生であるとすれば、往生といっても、その往は不往の往であり、その生は無生の生であって、私どもが実体的に捉えているような往くとか生まれるというようなものではないといわねばならない。往くとか生まれるということは私どものような虚妄《こもう》分別を離れられない者のために説かれた大悲の教説だったのである。

その一如とは阿弥陀如来もそこから示現してこられた究極の境地であった。親鸞は

如より来生する

「証文類」の初めに私どもが獲得する涅槃の果徳について「滅度・常楽・畢竟《ひっきょう》寂滅・無上涅槃・無為《むい》法身《ほっしん》・実相・法性《ほっしょう》・真如・一如」というように九つの異名を挙げたあとに、突如、

しかれば弥陀如来は如《にょ》より来生《らいしょう》して、報・応・化《け》、種々の身を示し現じたまふなり。

といわれていた。それは阿弥陀仏は、分別による一切の限定を超えた一如の世界を迷える者にさとらせるために如来された方便法身《ほうべんほっしん》であることを知らせる釈であった。しかし今この場所で如より来生する阿弥陀仏を語られたのは、阿弥陀仏は自らがそこから現われてきた一如の領域に私どもを導き入れ、生仏一如のさとりを完成させようとする仏であることを知らせるためであった。

還相《げんそう》の摂化《せっけ》

こうして無分別智を開き、万物一如の境地に到達し、阿弥陀仏と同じさとりを完成することが往生であるとすれば、往生して成仏した者は、必然的に一如よりかたちを表わして阿弥陀仏がなされているような活動をするようになる。すなわち迷える人々を救済するために、浄土にいるままで、十方の世界に身を変現し、救済活動を起こしていくことになるのである。このようなさ

とりの必然的な展開としての大智大悲の働きを還相《げんそう》というのである。親鸞は、その還相を「証文類」の後半の部分で表わされていくが、それは、還相は証果の必然として展開するありさまであって、むしろ真実の証果の内容というべきものであったからである。

こうして親鸞における還相とは、仏陀としてのさとりを極めた往生者が、菩薩となって自利利他の徳を示現していくことであるが、それは『法華経』の観世音菩薩普門品《ふもんぼん》に、観世音菩薩が、千変万化しながら衆生を教化していかれる、普門示現がその具体的な例であるといわれている。普門示現とは、衆生救済のために相手に応じてあらゆるものに変化し、あらゆる手段を尽くして人びとを救うことである。

私どもは阿弥陀如来が来現された釈尊をはじめ、龍樹・天親《てんじん》・曇鸞《どんらん》・道綽《どうしゃく》・善導・源信・法然といった七高僧、それに親鸞・蓮如といった還相の菩薩に導かれ育てられて、今、念仏の衆生にならせていただいているのである。さらにいえば仏法に遇《あ》い、本願を信じ念仏している私の往相は、無数の大悲還相の菩薩に支えられていたといわねばならない。私をとりまく一切の人も、動物も、還相の菩薩の化身でないとは断言できないであろう。私どもは自分では気がつかないが、還相の菩薩たちの教化によってさまざまな教えを聞き、今、念仏の教えをありがたく聞くことのできる身に育てられたのである。

三願転入

方便の真門を出でて、選択の願海に転入せり。すみやかに難思往生の心を離れて、難思議往生を遂げんと欲す

原文

ここをもつて愚禿釈《ぐとくしゃく》の鸞《らん》、論主《ろんじゅ》の解義《げぎ》を仰《あお》ぎ、宗師《しゅうし》の勧化《かんけ》によりて、久しく万行諸善《まんぎょうしょぜん》の仮門《けもん》を出でて、永く双樹林下《そうじゅりんげ》の往生を離る。善本徳本《ぜんぽんとくほん》の真門に回入《えにゅう》して、ひとへに難思《なんじ》往生《おうじょう》の心《しん》を発《おこ》しき。しかるに、いまことに方便の真門を出でて、選択《せんじゃく》の願海に転入せり。すみやかに難思往生の心《しん》を離れて、難思《なんじ》議《ぎ》往生《おうじょう》を遂げんと欲す。果遂《かすい》の誓《ちかい》、まことに由《ゆえ》あるかな。

現代語訳

こういうわけで私・愚禿釈《ぐとくしゃく》の親鸞は、天親《てんじん》のご解釈や、善導をはじめ多くの祖師方のお勧めによって、諸善万行《しょぜんまんぎょう》の修行によって双《そう》樹林下《じゅりんげ》往生と呼ばれるような方便化土《ほうべんけど》の往生を期待する方便の教えを永久に離れた。そして念仏の功徳を積んで往生しようとする真門に入った。自力をたのんで念仏を励み、その功徳によって、難思往生といわれるような方便化土の往生を願う心を起こしていた。

しかるに今や、方便の法門である真門を完全に出て、広大無辺な選択本願の世界に転入することを得た。方便化土の往生を願うような自力のはからいを離れて、速やかに真実の報土に往生し、往生即成仏というような難思議往生を遂げさせていただくことを期することになった。それにつけても、ついには真実の仏意に導き入れようとされた「果遂《かすい》の誓願（第二十願）」が誓われていることにはまこ

（化身土文類、聖典・四一二頁）――とに深い理由のあることである。

解説

求道の歴程

すでにその伝記のところで述べたように、親鸞は九歳で出家得度をされてから、二十九歳までの二十年間にわたって、比叡山で顕密の修行をされていた。それは、戒律を守り、煩悩を浄化して、生死《しょうじ》一如《いちにょ》と達観する智慧を獲得しようとする聖道門《しょうどうもん》の修行であった。それが、いつのころからか常行三昧堂《じょうぎょうざんまいどう》の堂僧として不断念仏の修行に励むようになったといわれているから、この時点では、戒律を保ち、不断念仏の修行の功徳によって浄土に生まれようと願う第十九願的な浄土願《がん》生《しょう》の行者になっておられたと考えられる。第十九願には、菩提心を発《おこ》して諸々の功徳を積んで、真心こめて浄土を願生する者を臨終には来迎して、浄土に迎えようと誓われていた。親鸞はそれを自力の「諸《しょ》行《ぎょう》往生」の教えといい、要門と位置づけ、その往生は双樹林下《そうじゅりんげ》往生といわれるような方便化土《けど》の往生にすぎないといわれている。

もともと常行三昧は、九十日にわたって不眠不休で続けられる天台宗の最も重要な修行の一つであった。阿弥陀仏を本尊とし、称名しながら道場内を歩き続けるのである。その苦修練行によって行者の罪障が浄化されたとき、十方の諸仏がまのあたり顕現し、行者に往生・成仏の予言を与えられるという。したがって称名には違いないが、それによって観仏を実現しようとするのであるから、自力諸行の中の一行であるというので、親鸞は第十九願に誓われている諸行往生の中に位置づけられたのであった。それゆえ、たとえその行が成就したとしても、見える如来は化仏であり、往生できたとしても方便化土にすぎないとみなされていくのであった。

もっとも二十九歳のころの親鸞には、そのようなことはわからなかったが、その自力修行の行きづまりから、法然に出遇い、自力の諸行をさしおいて、称名一行を正定《しょうじょう》の業と信ずる専修念仏《せんじゅねんぶつ》の法門を聞かれるようになった。しかし『恵信尼《えしんに》消息』に「また百か日、降るにも照るにも、いかなる大事にもまゐりてありしに……」（聖典・八一一頁）といわれているように、専修念仏に心が定まるまでに百日間にわたる聞法の期間があったと見なければならない。おそらくその間に、念仏の功徳のすぐれたことに気づきながらも、なお自力のとらわれを完全に離れることができず、自力念仏の境位に止まっておられた時期があったと考えられる。

それは、念仏の勝れた功徳に注目して、念仏一行《いちぎょう》に専念するが、自分の心の良い状態と悪い状態によって、救われるように思ったり、絶望したりすることを繰り返す念仏であった。それは他の自力の雑《ぞう》行《ぎょう》は捨てたが、なおわが心の善し悪しによって救いの可否を見定めようとしているという意味で、自力をたのむ心が残っている状態であった。その念仏は、あらゆる善の根本であるような名号を称えているのであるから、諸行よりもすぐれた功徳があると信じ、往生をより確実にするために多く称えて功徳を積み、それを、真心こめて回向して往生しようと願う第二十願の念仏であった。親鸞はそれを真門と名づけ、難思往生と呼ばれる方便化土の因と見られていた。

そしてやがて『教行証文類』の後序に「しかるに愚禿釈の鸞、建仁辛酉《かのととり》の暦《れき》、雑行を棄てて本願に帰す」(聖典・四七二頁)といわれるような、自力のはからいを離れて本願他力にまかせきる真実信心の境地に至られたわけである。この「雑行を棄てて本願に帰す」といわれた本願とは第十八願をさしていたとしなければならない。『教行証文類』で「本願」といわれる場合は、いつも第十八願を指していたからである。普通ならば雑行の反対語は正行《しょうぎょう》であるから、雑行を捨てて正行に帰すとか、念仏に帰すというべきであった。それを「本願に帰す」といわれたのは、念仏に帰するということは、念仏を正定業として選び定められた第十八願、すなわち選択本願の仏意を疑いなく受け入れ、本願他力をたのむ身となられたことを表わそうとされたからであろう。こうして建仁元年(一二〇一)、二十九歳のある時点で、一切の自力の行と信とを捨てて第十八願の法門に転入(自力心を転換して他力に帰入)されたとしなければならない。

本願に帰す

三願転入の告白

このようにして親鸞は、聖道門から第十九願(要門)へ、さらに第二十願(真門)へと進み、最後に第十八願(弘願《ぐがん》)に転入されたと考えられる。三願転入を告白される文に「久しく万行諸善の仮門を出でて、永く双樹林下の往生を離る」といわれたのは、第十九願の要門の立場を離れたことを表わしていた。そこには諸善万行の修行を勧める聖道門の立場も、すでに離れていたことが暗示されている。

次に「善本徳本の真門に回入《えにゅう》して、ひとへに難思往生の心を発《おこ》しき」というのは、要門を離れて、第二十願の真門の立場に回入されたことを表わしている。善本・徳本というのは、一切の功徳の根本である名号を称えることであるが、特に名号を称えて功徳を積んでいこうとはからっている自力念仏を表わす言葉と見るのが親鸞の理解であった。

「しかるに、いまことに方便の真門を出でて、選択の願海に転入せり。すみやかに難思往生の心を離れて、難思議往生を遂げんと欲す。果遂《かすい》の誓《ちかい》、まことに由《ゆえ》あるかな」といわれたのは、今、はからずも自力のはからいを離れて、第十八願の法門に転入することができたが、これはひとえに第二十願（果遂の誓）という方便を設けて私を育て、第十八願へと導きたもうた阿弥陀仏の巧みな摂化のお陰であると喜ばれているのである。

仏恩を知る

こうして最後に「ここに久しく願海に入りて、深く仏恩を知れり。至徳を報謝せんがために、真宗の簡要をひろうて、恒常《ごうじょう》に不可思議の徳海を称念す。いよいよ、これを喜愛し、ことにこれを頂戴するなり」と結ばれたのであった。すでに本願の尊さを知り、広大無辺な本願の御手《みて》のうちに生かされるようになって久しい。その恩徳の深遠なことを思うにつけても、せめてもその一端に報いるために、浄土真宗の心を表わすような簡潔で、しかも重要な御言葉を経釈の中から拾い集めてこの『教行証文類』を著し、海のように広大な仏徳を感謝しつつ念仏を申している。こうして、いよいよこの御教えを喜び讃え、ありがたく頂戴しているというのである。

こうして親鸞は、自身が現実に自力の世界から本願他力の世界へと転入したことを通して、四十八願の中に第十八願だけではなく、あえて第十九願・第二十願といった自力の法門を誓われている阿弥陀仏の心を探っていかれたのであった。それが『教行証文類』の、特に「化身土文類《けしんどもんるい》」を述作される理由の一つであったのである。

なお親鸞が第十八願の法門に転入された時期は、二十九歳の時点であったに違いないが、その信心の内実はさらにさまざまな事件や、長い思索と経験を通して深く広く確認されていく。そしてその内容を第十八願、第十九願、第二十願といった真仮三願の体系として顕わされるようになるのは、おそらく『教行証文類』を述作される五十歳代をあまり遠くへだてないころであっただろうと考えられる。

遇法の慶び

遇いがたくして、いま遇うことをえたり、
聞きがたくして、すでに聞くことを得たり

原文

ここに愚禿釈《ぐとくしゃく》の親鸞《しんらん》、慶《よろこ》ばしいかな、西蕃《せいばん》・月支《げっし》の聖典《しょうてん》、東夏《とうか》・日域《じちいき》の師釈に、遇《あ》ひがたくしていま遇ふことを得た

現代語訳

私（愚禿釈《ぐとくしゃく》の親鸞）は、遇《あ》いがたいインド・西域の聖典をはじめ、中国・日本の祖師たちの尊い釈文に今、遇うことができ、聞きがたい御教えをすでに聞くことができた。

り、聞きがたくしてすでに聞くことを得たり。真宗の教行証を敬信《きょうしん》して、ことに如来の恩徳《おんどく》の深きことを知んぬ。ここをもつて聞くところを慶び、獲《う》るところを嘆《たん》ずるなりと。（総序、聖典・一三二頁）

まことに慶ばしいことである。これによって如来より回向された教・行・証という浄土真宗の御法《みのり》を敬い信じ、いよいよ如来のご恩徳の尊さに気づかせていただいた。そこで聞き得た御法を慶《よろ》び、わが身に獲ている尊い法の徳を讃嘆しようとして、この『教行証文類』を著すのである。

解説

慶哉（よろこばしいかな）

『教行証文類』には、「慶哉（よろこばしいかな）」という言葉で始まる一連の文章が「総序」と「後序」の二か所に出ている。「総序」の「慶ばしいかな」は、釈尊が『大無量寿経』に開示された阿弥陀仏の本願の御教えを、インド・中国・日本と三国にわたって伝承し、その奥義を顕彰された祖師がたの御教えに遇い、本願を信じ念仏する身にしていただいた深い仏縁を慶び、述べられたものである。また後序のそれは、特に恩師法然聖人に逢い、『選択本願念仏集』の相伝を承《う》け、真影の図画までも許された師恩を慶びつつ、『教行証文類』を著さずにおれなかった深い想いを披瀝されたものである。いずれにせよ「慶哉」という言葉には、遇いがたくして遇いえた祖師の御教えに感動し、聞きがたくして聞き得た本願の救いに対する無限の謝念がこめられていた。

ところで親鸞は、自身の救われた「喜び」を表わすのに「歓喜」と「慶喜」を使い分けられている。どちらも身も心も喜びに満ちあふれるような状況を表わす言葉であるが、

歓喜と慶喜

「歓」は、たとえば『一念多念文意《もんい》』に「うべきことをえてんずと、さきだちてかねてよろこぶこころなり」（聖典・六八四頁）といわれるように、まだ実現はしてはいないが、必ず実現することに決定している事柄を期待をこめて喜ぶ場合を表わしているというのである。したがって浄土に往生して、さとりを得させていただくことをかねてから喜ぶ場合の用語である。

それにひきかえ「慶」は、『同書』に「うべきことをえてのちによろこぶこころなり」（六八五頁）といわれるように、すでにわが身の上に実現している事柄を喜ぶ場合に用いられる。すなわち仏祖の御教えをすでに聞き得ていること、すでに本願を信じて念仏する身になっていることを喜ぶ場合には必ず「慶」を使われるのである。そして『教行証文類』の中で親鸞が自身の喜びを語られるときには、必ず「慶喜」とか「慶哉」と、「慶」という文字を用いられていることは注意しなければならない。

親鸞にとって何よりも喜ばしいことは、遇いがたい師匠に遇い、聞きがたい教えを聞かせていただき、自力では決して起こすことのできない極難の信心を如来よりたまわって、すでに念仏の衆生になっているという自身の現実だったのである。

心を弘誓の仏地に樹て

慶ばしいかな、心を弘誓の仏地に樹て、
念を難思の法海に流す

原文

慶《よろこ》ばしいかな、心《こころ》を弘誓《ぐぜい》の仏地に樹《た》て、念を難思の法海《ほうかい》に流す。深く如来の矜哀《こうあい》を知りて、まことに師教の恩厚《おんこう》を仰ぐ。慶喜《きょうき》いよいよ至り、至孝いよいよ重し。（後序、聖典・四七三頁）

現代語訳

私は今、生けるものすべてを支えたまう揺るぎなき本願の大地に心を樹立し、人の思いをはるかに超えた限りない真理の大海に思いを流している。なんという慶《よろこ》ばしいことであろう。深く如来の御哀れみを知り、師の御教えの厚恩を仰いで、喜びはいよいよつのり、恩師を慕う想いはますます強くなっていく。

解説

師恩を慶ぶ

『教行証文類《きょうぎょうしょうもんるい》』の後序に出てくる「慶ばしいかな」は、師恩を喜ぶ言葉であった。それは元久二年（一二〇五）、三十三歳のとき、恩師法然から、その主著『選択本願念仏集』の伝授を受け、さらに師の真影（肖像画）の図画を許されたことを想い起こしながら述懐された文章である。法然の導きによって生死を包む限りない大悲本願の世界に心を開かれた喜びは報じ尽くせないものがあったに違いない。その師恩に応答しようという想いがこの『教行証文類』という珠玉のような聖教《しょうぎょう》となって結晶していったのである。

仏地と法海

ところで、この「心を弘誓《ぐぜい》の仏地に樹《た》て、念を難思の法海《ほうかい》に流す」という言葉は、玄奘が『大唐西域記』巻三に「心を仏地に樹て、情を法海に流す」といわれたものによられたのであろう。ここで「仏地」という言葉に応じて「たてる」というのに「樹」という文字が用いられている。同じ「たてる」といっても「立」とか「建」と違って、「樹」とは「立ち木」とか「植える」という意味をもっている。大地に根を張ってすっくと立っている生木のことを「樹」というのである。念仏の行者の心は、樹木が不動の大地にどっしりと根を張って立っているように、如来の本願の大地に根を張って立ち、如来の智慧と慈悲の徳を吸収し続けているというので「心を弘誓の仏地に樹て」といわれたのであろう。

「念を難思の法海に流す」は、『浄土文類聚鈔』では「情を難思の法海に流す」となっているから、「念」も「情」も同じ意味であろう。私どもが絶え間なく起こしている喜びと悲しみの情念のことであろう。そして「法海」とは、海のように広大無辺な真理の領域を表わす言葉であったが、ここでは阿弥陀仏の万人を包む広大な本願の領域を意味していた。すなわち悲しいときも、つらいときも、憎悪の思いにさいなまれるときも、ただ念仏を申すならば、悶《もだ》えるような激しい情念も、広々とした本願の世界に流れ込んで、自ずから静められていくという不思議を経験する。それが本願の念仏を恵まれた者の安らぎと慶びだったのである。

悲しきかな

悲しきかな愚禿鸞、愛欲の広海に沈没し、
名利の太山に迷惑して、定聚の数に入ることを喜ばず

原文

まことに知《し》んぬ。悲しきかな愚禿鸞《ぐとくらん》、愛欲の広海に沈没《ちんもつ》し、名利《みょうり》の太山《たいせん》に迷惑して、定聚《じょうじゅ》の数に入ることを喜ばず、真証《しんしょう》の証《さとり》に近づくことを快《たの》しまざることを、恥《は》づべし傷《いた》むべし。（信文類、聖典・二六六頁）

現代語訳

まことに悲しいことであるが、この愚かな親鸞は、愛欲の大海に沈み、名誉欲や利欲の山中に迷い込んでしまって、正定聚《しょうじょうじゅ》の位に入っていることを喜びもせず。真実のさとりに近づきつつあることを楽しむ思いもない。まことに恥ずかしく、傷ましいかぎりである。

解説

煩悩を悲しむ

これは「信文類《しんもんるい》」の真仏弟子釈の最後に結文として記された文章である。本願を信じ念仏する者は、正定聚《しょうじょうじゅ》の位に入り、弥勒菩薩と同じ位であるとまで讃嘆されている。そのような仏祖の御言葉を聞き、わが身にいただいている広大な徳を聞くにつけても、いよいよ愚かなわが身を思い知らされ慚愧するばかりであるというのである。

このような文章は現代風に言いかえるよりも、繰り返し拝読し、幾たびも口ずさんでいると、その深沈たる言葉の底に流れている親鸞の悲喜の思いが心に響いてくる。

阿弥陀如来の本願の御言葉を信ずる心は人間のはからい心ではなくて、如来よりたまわった智慧の心であると親鸞はいわれる。如来の願いにうなずき、如来のはからいにまかせることのできる心は如来の心と同質の心であるからである。それゆえ、本願を信ずる者は正定聚に入るといわれていた。私どもは死ぬまで煩悩具足の凡夫ではあるが、頂戴している徳からいえば、すでに聖者の仲間に入れていただいているといわれたのである。しかし正定聚であり、真の仏弟子といわれるような尊い身にしていただいていることを知れば知るほど、逆に性懲《しょうこ》りもなく煩悩を起こし、さまざまな罪業を造り続けている現実の自分の、底知れない煩悩を悲しむ心が呼び覚まされるのであった。そこから「悲しきかな……恥づべし傷むべし」という自己への深い恥傷《ちしょう》の思いが湧き起こってくるのである。

悲喜交流

しかしよく見ると、この文章はただ暗い絶望的な繰り言を述べているのではないことに気づくであろう。たしかに愛欲と名利に毒されている恥ずべき身であって、正定聚の数に入ることを喜ばないけれども、喜ばないまましかに正定聚に住している。この世のことに気を取られ、涅槃の浄土に近づくことを楽しまないけれども、楽しまないまま本願力によって確実に浄土へ近づいているという喜びが文章の底を流れているのである。そこには不思議な明るさが漂い、希望の光が射してる。

『教行証文類』の最初の註釈書である存覚《ぞんかく》の『六要鈔』三末には、この言葉に次のような注釈がほどこされている。

「誠知」等とは、傷嘆《しょうたん》の詞なり。ただし悲痛すといえどもまた喜ぶ所あり、まことにこれ悲喜交流《ひきこうる》といふべし。「不喜」「不快」はこれ耻傷《ちしょう》を顕す。定聚の数に入と、真証に近くとは、ひそかに自証を表す、喜快《きけ》なきに非ず。

（『真宗聖教全書』二・三一五頁）

たしかにそれは、わが身の愚かさを傷《いた》み嘆く言葉である。しかし喜びがないわけではない。それは悲しみと喜びが交わり流れる心情というべきであるというのである。闇を抱えながら光を仰ぐような心境というべきであろう。煩悩・罪障の影は死ぬまであり続ける念仏者には、カラッと晴れ渡った真昼のような明るさはない。しかし生きることの意味と浄土へという方向を与えられている人生には根源的なまどいはなくなっている。それは、影を背負いながら光に向かう人生というべきであろう。

念仏者とは、ただ暗い悲しみに沈んだ人生を送るものでもなく、また逆に喜びに沸き立つような日々を生きるものでもない。如来の教えを聞けば聞くほど自分の罪障の底なしの深さを思い知らされて限りなく慚愧しつつ、このような愚かな者を救おうと願い立たれた悲願を仰いで喜ぶ豊かに開かれた一面があるのである。念仏者の人生は、まさに「悲喜こもごも流れる」というほかはない。

あとがき

独創的な宗教者や思想家というものは、啓蒙家にはなれないもののようです。親鸞聖人の場合もそうであって、お手紙はもちろん、わかりやすくということを目指されたはずなのに、ずいぶん難解であるというのが聖人の書物の特徴です。例えば『唯信鈔文意《ゆいしんしょうもんい》』や『一念多念文意』には、いずれも最後に、「田舎に住んでおられて、正式に仏教の学問をされたことのない人々に、経典や論釈の難解な言葉を理解していただきたいと思って、できるだけ平易にと心がけ、同じことを何度も繰り返し書きました。学者がご覧になったら軽蔑なさるだろうが、そんな非難などを問題にしないで、ひたすら如来の御心をわかっていただきたいと思って書き記したものです」という意味の識語が置かれています。ところが実際に聖覚《せいかく》法印の書かれた『唯信鈔』と、その中の難しい言葉を解説されたはずの『唯信鈔文意』とを比較してみますと、明らかに『唯信鈔文意』の方が難解です。隆寛律師の『一念多念分別事』と、それを解説された『一念多念文意』との場合でも同じことがいえます。

しかしその難しさはただ用語の難しさではなくて、そこにあらわされている事柄の難しさに原因があるようです。人間の感覚や知識では決してはかり知ることのできない深遠な如来の領域を的確に表現するために、言葉の意味と響きを自在に駆使しながら、言葉の限界ぎりぎりの表現を取られているからです。聖人の書物を拝見していると、人間の言葉が、人間の思いを超えた領域をここまで言い表わせるのかと驚嘆すると同時に、「聖教《しょうぎょう》」といわれる書物の持つ力を今更のように思い知らされます。

主著の『教行証文類《きょうぎょうしょうもんるい》』になりますと一層その感を深くします。おそらく聖人が、人に読ませるためというよりも、ご自身が言わねばならないことを言いきるために著された書物であったと思います。書物を著すのですから一人でも多くの人に読んでもらいたいという思いは当然あったでしょうが、それよりも、真実の道を伝授してくださった恩師であり、生涯ただ一人の知己であった法然聖人に対する応答であったといえましょう。さらにいえば仏祖に対する自身の領解《りょうげ》を告白するという意味をもっていたと思います。「信文類《しんもんるい》」の別序や、「化身土文類《けしんどもんるい》」の後序に、「まことに仏恩の深重なるを念じて、人倫《じんりん》の哢言《ろうげん》を恥《は》ぢず」といわれているのを拝見していますと、人間を相手にして書かれている書物ではないと思わずにおれません。

『大無量寿経』の序文に「仏仏相念（仏と仏とあい念ず）」という言葉があります。過去、現在、未来の三世にわたってこの世には無数の仏陀たちが出現されますが、その仏陀たちがさとりの境地を説き顕わされるときには、相互に念じあいながら説かれるというのです。『教行証文類』はまさにそのような仏仏相念の書であったと思います。私のような愚かな者にはとりつく島もないほど難解な「聖教」です。しかし七百年にわたって多くの先哲が、心血を注いで拝読された無数の記録が残されています。それを手がかりにして、親鸞聖人の片鱗に触れたいと志している者です。

そんな私に、たまたま大法輪閣編集部の小山弘利氏から、「精読・仏教の言葉」のシリーズを出版したいが、その中の「親鸞」を担当してほしいというご依頼を受けお引き受けした次第です。一昨年のことでした。しかし、平成十年度の本願寺派の夏安居《げあんご》の本講師を命ぜられ、その講本の作製に夏までかかってしまったりして、しばしば仕事が中断し、今年になってようやく形を見ることができたような次第です。

難解な言葉を避けるようにと小山氏からも言われ、私もそのように心がけてはきましたが、読み返すと、もっと平易な表現を取れなかったかとしきりに反省しています。この書は親鸞聖人のように、言わねばならないことを言うというよりも、できるだけ多くの人に親鸞聖人の教えを知っていただきたいという目的で書いたのですから、わかっていただけなかったならば意味がないわけです。親鸞聖人のお言葉が難解であるのは、その内容があまりにも深いからですが、私の書いたものがわかりにくいのは私の力不足のせいであって、誠に申し訳ないと思っています。しかし読者の方々が親鸞聖人の書物を拝読されるとき、この小著が少しでも手引きになるならば望外の幸せです。最後に遅れがちの原稿作成を暖かく見守り、励まし、さまざまなご助言を与えてくださった小山弘利氏に心から感謝の意をささげます。

平成十一（一九九九）年五月十八日

九十四歳で往生を遂げし

亡父、北　清吉の二十五回忌命日の夜

梯　實圓

梯　實圓（かけはし・じつえん）

昭和２年10月３日、兵庫県飾磨郡夢前町前之庄に生まれる。昭和41年３月、本願寺派宗学院卒業。浄土真宗本願寺派廣臺寺・前住職。浄土真宗教学研究所・前所長。浄土真宗本願寺派勧学。行信教校教授。浄土真宗教学研究所客員研究員。

主要著書――『法然教学の研究』『玄義分抄講述―幸西大徳の浄土教』『西方指南抄序説』『一念多念文意講讃』『浄土教学の諸問題』上・下『真俗二諦』『白道をゆく―善導大師の生涯と信仰』『妙好人のことば』『花と詩と念仏』『聖典セミナー　歎異抄』『光をかかげて―蓮如上人とその教え』『親鸞聖人の教え・問答集』その他

現住所――大阪市阿部野区阿部野元町５－21

親鸞　精読・仏教の言葉

平成11年７月10日　第１刷発行Ⓒ
平成24年11月５日　新装版第１刷発行

著　者　梯　實圓
発行者　石原　大道
印刷所　三協美術印刷株式会社
発行所　有限会社　大法輪閣
東京都渋谷区東２－５－36　大泉ビル
電話(03)5466-1401
振替00130-8-19番

ISBN978-4-8046-1341-3 C0015